思政的力量

《思想政治工作研究》杂志社　编著

人民出版社

目 录

CONTENTS

新时代　新使命

新时代 新作为

勇毅前行　接续奋进

——写在《思想政治工作研究》创刊四十周年之际

（代　序）

春华秋实，继往开来。

1983—2023 年，弹指一挥间，《思想政治工作研究》迎来创刊四十周年。四十年，承载着无数荣光与期望，展现出诸多接续与奋进。我们深深记得，杂志创刊时，邓小平同志欣然题写刊名；我们深深记得，徐向前、聂荣臻、王震、陆定一等老一辈无产阶级革命家，对杂志发展的殷殷期许；我们深深记得，江泽民、胡锦涛、李鹏、朱镕基、李瑞环、李长春、刘云山等中央领导同志，对杂志发展的谆谆嘱托。

特别是党的十八大以来，以习近平同志为核心的党中央高度重视思想政治工作，习近平总书记就加强和改进思想政治工作作出一系列重要论述，为做好新时代思想政治工作提供了根本遵循和行动指南。《思想政治工作研究》杂志高举党的思想旗帜和精神旗帜，守正创新、踔厉奋发，迎来了蓬勃发展，为新时代思想政治工作开新局、谱新篇贡献了自身力量。

回首过往，应当说，是时代使思想政治工作大显身手，也是时代使《思想政治工作研究》多姿多彩。

四十年栉风沐雨，一万四千余日夜，四百七十余期，杂志社同仁励精图治、薪火相传，在理论宣传阐释中筑牢思想根基，在弘扬中国精神中凝心聚力，在讲好思政故事中推动发展，如登绝顶、如沐春风。

四十年坚持不懈，一万四千余日夜，四百七十余期，《思想政治工作研究》杂志始终坚持思想立刊、评论强刊、开门办刊、服务兴刊，精益求精抓内容，从严从细抓管理，稳扎稳打抓发行，聚焦人和事、体现时和处，着力提升思想性、权威性、指导性，如擎明灯、如执炬火。

四十年初心不改，一万四千余日夜，四百七十余期，《思想政治工作研究》杂志始终坚持回答时代之问。新征程上，要更好地引导广大干部群众深刻理解把握习近平新时代中国特色社会主义思想，更好地引导广大干部群众明大德、守公德、严私德，更好地团结凝聚广大干部群众为继续推进和拓展中国式现代化砥砺前行，如负千钧、如持左券。

征途漫漫，惟有勇毅前行、接续奋进。

勇毅前行、接续奋进，就要始终把准政治方向。旗帜鲜明讲政治是党刊的灵魂。我们将始终坚持党的全面领导，着力宣传贯彻党的创新理论，引导广大干部群众深刻把握"两个确立"的决定性意义，不断增强"四个意识"、坚定"四个自信"、做到"两个维护"，坚定对马克思主义的信仰、对中国特色社会主义的信念、对实现中华民族伟大复兴的信心。

勇毅前行、接续奋进，就要始终站稳人民立场。思想政治工作从根本上说是做人的工作。我们将继续坚持以人民为中心的工作导向，践行党的群众路线，反映群众急难愁盼，丰富群众精神生活，真心实意为群众服务。

勇毅前行、接续奋进，就要始终勇于担当使命。新时代新任务，新征程新作为。我们将以习近平新时代中国特色社会主义思想为指导，围绕中心、服务大局，对标对表宣传思想文化工作重点任务和重要安排，坚持正面宣传为主、团结稳定鼓劲，营造良好思想舆论氛围，凝聚广泛共识。

勇毅前行、接续奋进，就要始终坚持开拓创新。创新是事业发展的源泉动力。对过去最好的纪念就是创造新的未来。我们将不断提升杂志质量和文化品位，提升杂志内容高度、深度、厚度、温度；我们将不断追随时代步伐，以数字化为杂志发展赋能，不断提升社会覆盖面和影响力。

路虽远，行则将至；事虽难，做则必成。虽千万里，日夜兼程，赓续前行。

李小标

《思想政治工作研究》杂志社

社长兼总编辑

新时代　新视野

　　本篇共收录7篇文章。既注重从哲学层面解析理论内核，揭示马克思主义基本原理与中华文明的深层逻辑互通；又深度阐释习近平新时代中国特色社会主义思想的理论特质，揭示其作为新时代文化建设根本遵循的理论品格。

习近平文化思想的深层理论特质

　　文化的深层结构，亦即"文化潜意识"，是每一种文化独特文化行为背后的文脉基因，根植于人们心灵深处的根本信仰和认知模式，反映一个社会群体的核心价值观和信仰体系。文化的深层结构表现为一个"超稳定体系"，影响着人们的行为、决策和社会互动，构成一个社会的文化基因，在很大程度上塑造了个体的认知方式和行为模式。一个民族、一个国家只有深刻把握文化的深层结构及其特质，才能内生文化自觉、找到文化自信和实现文化自强。2023 年 10 月，全国宣传思想文化工作会议正式提出习近平文化思想，标志着我们党对社会主义文化深层结构和建设规律的认识达到了新高度。习近平文化思想不但继承马克思主义文化理论的民族性、先进性和历史进步性，而且体现出一种基于时代性的主体性、科学性、创新性和包容性的深层理论特质。深刻把握习近平文化思想的深层理论特质，对于进一步明晰新时代中国特色社会主义文化建设方向，提振新时代中华民族的精气神，坚定党和人民的文化自信，引领中国式现代化行稳致远，具有极其重要的意义。

自信自强的主体性

文化主体性是一个民族、一个国家区别于他者且有鲜明文化特质和价值立场的存在状态，呈现出文化意义上的坚定自我，是民族精神得以挺立的思想标识，也是坚定文化自信自强的根本依托。主体性是习近平文化思想的鲜明品格、价值追求和创新灵魂。

标举文化创造的主体是广大人民群众。主体性是人在改造自然、社会、自身过程中的能力的确证与彰显。马克思在《资本论》中写道："人类史同自然史的区别在于，人类史是我们自己创造的，而自然史不是我们自己创造的。"所有能创造人的生活的事物，都有文化的存在，都是"人化"的结果和人民群众劳动的智慧成果。因此，文化创造主体是人，享有主体也是人。习近平文化思想整个体系贯穿人民至上的精神品格，始终站稳人民立场，坚持反映人民心声，为人民服务、为社会主义服务这个根本方向，把人民作为文艺表现的主体，把人民作为文艺审美的鉴赏家和评判者，把为人民服务作为文艺工作者的天职。尊重人民创造，善于从人民群众中汲取智慧力量，真心实意拜人民为师，不断激发全民族文化创新创造活力。提升人民素质，大力发展现代科技、教育事业，全面提升人民群众的科学文化素质，加强公民道德建设，提高社会现代文明程度，促进人的自由全面发展。

充分阐扬文化自信自强源于文化主体性。习近平总书记在文化传承发展座谈会上指出："任何文化要立得住、行得远，要有引领力、凝聚力、塑造力、辐射力，就必须有自己的主体性。"习近平文化思想的主体性蕴含在独特性之中，自觉传承中华优秀传统文化的根脉，创造性转化和创新性发展自古以来就形成的一套独特的看待世界、看待社会、看待人生的价值体系、文化内涵和精神品质。体现在自主性之中，坚持以文化自觉为指针，致力于建立中国特色、中国风格、中国气派的文明研究学科体系、学术体系、话语体系，为新时代中国特色社会主义文化自信自强提供理论支撑。展现在创造性之中，坚持在马克思主义普遍真理的指导下，弘扬先进革命文化，传承发展中华优秀传统文化，促进外来文化本土化，是一种既有民族特色又充分体现时代精神的社会主义文化。

凸显文化主体性在克服文化异化处境中的重大作用。没有文化主体精神，我们就容易被其他国家民族的文化或非主流文化所同化。今天，扭曲价值、解构道德、混淆美丑、世俗功利、时尚快感、消极颓废、追新猎奇的大众消费文化风靡西方社会，极大降解文化教化功能、消弭核心价值观念、腐蚀人民的心灵、污染社会道德风气，这种文化随着交流交往不可避免地会渗透到我国社会，我们务必引起高度重视和防范。文化主体的异化，也使社会弥漫着"事事不如人"、妄自菲薄的文化自卑心理。我们只有巩固以"人民至上、自信自强"为核心的新时代中国特色社会主义文化主体精神，坚持用唯物史观审视文化问题，树牢人民群众的文化主体地位，坚定文化自信自强，才能从根本上克服文化异化，超越文化复古主义、文化虚无主义、文化折中主义等思潮，抵御西方强人从己的文化殖民主义和唯我独尊的文化霸权主义的侵扰。正如习近平总书记在中国文联十大、中国作协九大开幕式上的讲话中所指出的：

"要用有筋骨、有道德、有温度的作品，鼓舞人们在黑暗面前不气馁、在困难面前不低头，用理性之光、正义之光、善良之光照亮生活。对人民深恶痛绝的消极腐败现象和丑恶现象，应该坚持用光明驱散黑暗、用真善美战胜假恶丑，让人们看到美好、看到希望、看到梦想就在前方。"

体用贯通的科学性

我国知识分子在长期的"学问"实践中形成了以"实事求是"为基本内核的科学精神。仔细推敲，不难发现，"明体达用、体用贯通"与实事求是一脉相承，展现出探本溯源的执着。习近平文化思想具有科学性，不仅因为其具有系统的思想观点和理论形式，更重要的是能够以科学的方法和理念客观地反映事实，勇于直面矛盾，不断追求真理，从而获得经受得住历史和实践检验的规律性认识。

"明体达用"体现以实事求是为核心的科学精神。"体用"是中国哲学的一对重要范畴，"体"即存在或思维的本体，"用"则是基于事物的存在之"体"的一种适宜可行，即"体"的具体表达和具体适用。"明体达用"深刻揭示了习近平文化思想的科学精神。"明体"亦即"求是"。毛泽东同志在《改造我们的学习》中指出："'实事'就是客观存在着的一切事物，'是'就是客观事物的内部联系，'求'就是我们去研究。"作为客观事物内部联系的"是"就是指事物的"本体"。从认识论上看，"明体"就是对事物的本质和规律的探求。"达用"则指向"求证"。中国学术传统以"知""行"并重，为人为学都需要知行配合。如果说"明体"旨在"求知""求真"，那么"达用"则强调学问知识还需在切实践履中验证，检验其反过来指导实践的有效性。因此，习近平文化思想的"体"就是马克思主义与中华优秀传统文化在新时代现实物质生活中传承创新的文化深层结构。"明体达用"旨在探明中国特色社会主义文化的本体、本质、主体、纲领和原理，及如何把习近平文化思想用于指导今天的文化建设、传承发展中华优秀传统文化、建设社会主义文化强国。

"体用贯通"展现真理原则和价值原则的辩证统一。人的一切行为活动，都是以追求真理和创造价值为目的，并受客体尺度和主体尺度这"两个尺度"，亦即真理原则和价值原则的支配和引导。"体用贯通"是真理原则和价值原则的辩证统一，强调实践和认识的反复、螺旋上升性、无限逼近真理的过程。贯通实践与认识。在马克思主义看来，实践作为人的存在方式和实际生活过程，是真理的源泉。实践本身就是自在自存的真理，人类认识本质上就在于揭示隐藏在实践中的真理。贯通客观与主观。文化应当反映新时代人民群众对自然世界、人类社会和人的思维的正确反应和积极改造。贯通价值与需要。满足人民日益增长的美好生活需要，文化是重要因素，是文化根本价值之所在。

结合转化的创新性

如果说文化是民族的精神命脉，创新性则是文化发展生生不息的动力源泉。在人类发展的每一个重大历史关头，都离不开文化创新的引领。当今世界之变、时代之变、历史之变正以前所未有的方式展开，亟须新的文化思想。致力于批判创新、结合创新、守正创新的习近平文化思想在这样的伟大时代中应运而生，也将在文化创新中，"更有力地推进中国特色社会主义文化建设，建设中华民族现代文明"。

文化结合转化的前提条件是批判。在批判反思传统文化、党内文化和外来文化中造就新的文化生命体，是习近平文化思想的使命担当。批判创新就是善于从博大精深的传统文化中汲取精华，从丰富多彩的民族民间文化中汲取精华；善于对传统文化进行科学分析，对有益的东西、好的东西予以继承和发扬，对负面的、不好的东西加以抵御和克服；敢于刀刃向内、勇于自我革命，治"四风"树新风，创造风清气正的党内政治文化；善于用欣赏、互学、互鉴的态度对待多种文化，去其糟粕，取其精华，为我所用，为人类文明发展进步注入源源不绝的动力。

文化结合转化打开了创新空间。原创不是抛弃传统，而是在继承优秀传统中去发展。作为"两个结合"的原创性理论，习近平文化思想根植于传统又推陈出新。"结合"本身就是创新。党的十八大以来，以习近平同志为核心的党中央高度重视中华优秀传统文化，不断推进中华优秀传统文化创造性转化、创新性发展，以新时代内涵增强文化生命力。"结合"开启了广阔的理论和实践创新空间。尤其是"第二个结合"，从文化的意义上确立了中国特色的内涵，不仅推动马克思主义实现了中国化时代化新的飞跃，也推动中华文明的生命更新和现代转型，让经由"结合"而形成的新文化，成为中国式现代化的文化形态。"结合"不是"拼盘""嫁接""混搭"和简单的"物理反应"，而是深刻的"化学反应"。归根结底，"结合"既是马克思主义激活中华优秀传统文化中富有生命力的优秀因子并赋予新的时代内涵，也是中华民族的伟大精神和丰富智慧更深层次地注入马克思主义，有效把马克思主义思想精髓同中华优秀传统文化精华贯通起来，造就有机统一的新的文化生命体的过程。

文化结合转化要坚持守正创新方法论。习近平总书记指出："对文化建设来说，守正才能不迷失自我、不迷失方向，创新才能把握时代、引领时代。"守正创新关键在于坚守正确方向，坚持马克思主义在意识形态领域的指导地位，坚持中国共产党的文化领导权，坚持大众的、民族的、科学的发展方向，最大限度激发创造创新活力，在创新发展中巩固马克思主义指导地位和人民主体地位。坚守正确方式，坚持百花齐放、百家争鸣的方针，坚持"两个结合"的根本要求，在继承中转化、在学习中超越、在创新中推动文化繁荣。坚守正确道路，坚持走中国特色社会主义文化发展道路，牢牢把握"七个着力"重大要求，不断创新中国特色社会主义文化理论、文艺作品、文化产业、文明体系，不断铸就社会主义文化新辉煌，不断增强实现中华民族伟大复兴的精神力量。

兼收并蓄的包容性

习近平文化思想蕴含着中华民族历久弥新的包容性。中华民族既有文化自信自强的从容底气，也有胸怀天下、兼收并蓄、和合共生的包容精神。正是这种突出的包容性，从根本上决定了中华民族交往交流交融的历史取向，决定了中国各宗教信仰多元并存的和谐格局，决定了中华文化对世界文明兼收并蓄的开放胸怀。

胸怀天下是包容性的具象化表达。习近平总书记指出："马克思主义从社会关系的角度把握人的本质，中华文化也把人安放在家国天下之中，都反对把人看作孤立的个体。"中国人民历来具有深厚的天下情怀。中国古代人们对由"天"派生出的"天道"信仰、"天命"敬畏、"天下"体悟，经过先贤智者总结积淀为中华民族的优秀文化基因，形成"胸怀天下"的包容基因和文化认同，催生九州共贯、六合同风、四海一家的中国文化大一统传统。这种大一统传统"超越地域乡土、血缘世系、宗教信仰等，把内部差异极大的广土巨族整合成多元一体的中华民族"；塑造了中国人"视天下犹一家"的世界观，亲仁善邻、协和万邦的国际观；演绎为"天下大同""天下为公""以和为贵"的社会政治理想；内化为"天下兴亡、匹夫有责""知其不可而为之"的天下情怀。这些思想元素共同铸就习近平文化思想开放包容的博大胸怀。

中华文明在兼收并蓄的包容性中历久弥新。中华文明不仅以胸怀天下的气度与其他文明交流，而且在兼收并蓄中历久弥新。兼收并蓄并不是全盘吸收，而是融通中外、贯通古今、辩证取舍、推陈出新的包容，展现出中华文化强大的吸收能力。中华民族在历史上的繁荣发展，不仅是内部各民族文化交融的结果，也是不断吸收外来文化、壮大更新自己的结果，展现出中华文明广博的包容性。兼收并蓄也不是全盘否定，而是去伪存真、激浊扬清、与时俱进、革故鼎新的扬弃，充分展现了中华文化的创造能力。正如习近平总书记在亚洲文明对话大会开幕式上指出的："从历史上的佛教东传、'伊儒会通'，到近代以来的'西学东渐'、新文化运动、马克思主义和社会主义思想传入中国，再到改革开放以来全方位对外开放，中华文明始终在兼收并蓄中历久弥新。"中华文明是世界上唯一从未中断的文明，长期以来中华文明在与世界文明交流互鉴中，既在兼收并蓄中吸纳了世界文明成果，也向世界贡献了自己的智慧，展现出了"中华民族以和为贵的和平性格、海纳百川的包容特质、天下一家的大国气度"。

和合共生彰显包容精神。和合共生是多样、多元的和平共处，为多样的文明建构提供思想基础。宇宙只有一个地球，人类共享一个家园，各国同处一个世界，是不可分割的命运共同体。世界的多样性和文明的差异性，不是西方主导话语权故意制造文明冲突的理由，而是人类文明共生发展的活力和动力。和合共生是冲突化解的相处方式，为化解西方中心主义带来的世界冲突提供思想武器。以霸权主义、单边主义、文明冲突论和普世价值论为现代表现形式的西方中心主义，奉行文明优越论、国强必霸论和丛林法则，随意践踏他国尊严、干涉他国内政……推动世界加速进入新的动荡变革期。对此，我们要积极回应各国人民普遍关切，顺应世界人民要发展、要合作、要和平的普遍愿望，做世界和平的建设者、全球发展的贡献者、国际秩序的维护者，为解决人类面临的共同问题作出贡献。和合共生是开放、包容的和谐境界，为开创天下大同的世界文明贡献智慧和力量。坚守共产主义理想和社会主义信念，倡导不同文明和平共处、和合共生，以文明交流超越文明隔阂、文明互鉴超越文明冲突、文明包容超越文明优越，积极推进人类命运共同体构建，推动世界和平包容发展，开创美美与共、天下大同的世界文明。

（本文刊载于《思想政治工作研究》2024 年第 7 期，执笔人：刘兴云）

浅谈习近平文化思想的体用逻辑

文化是民族生存和发展的重要力量。人类社会每一次跃进、人类文明每一次升华，无不伴随着文化的历史性进步。党的十八大以来，我们把文化建设摆在治国理政的突出位置，不断深化对文化建设的规律性认识，推动文化传承发展，社会主义文化强国建设迈出坚实步伐。2023 年 10 月全国宣传思想文化工作会议首次提出习近平文化思想，并以"明体达用、体用贯通"八个字总括其新气质，标志着我们党对中国特色社会主义文化建设规律的认识达到了新高度，为新时代中国特色社会主义文化建设"如何彰显主体性"指明了方向。

"明体"与新时代的文化自觉

"明体"是一个民族、国家和执政党在文化上对"我是谁"这个终极问题的深刻反思和真正觉悟。"体用"关系辩证地展现了中国古代哲学的整体特质。在汉语中"体"常被引申为总体、主体、本体、本性、本质、原则、纲领和原理等。哲学意义上所谓"体"就是根本，是第一性的。"用"则是"体"的外在表现、表象，是从生的，是第二性的。习近平文化思想的"体"，就是马克思主义"魂脉"与中华优秀传统文化"根脉"在新时代现实物质生活中传承创化的文化深层结构，体现了新时代中国特色社会主义文化的本体、本质、纲领和原理。

习近平文化思想是时代精神的精华，是新时代共产党人历史主动和文化自觉的根本体现。从形成背景看，当今世界正处于百年未有之大变局加速演进、各种思想文化相互激荡、中华民族伟大复兴势不可挡之时，新兴技术日新月异，新问题新挑战层出不穷……化解人类面临的突出矛盾和问题，需要依靠物质的手段攻坚克难，也需要依靠精神的力量诚意正心。理解习近平文化思想形成的时代背景，应当从文明和文化的层面对世界发展趋势、科技革命前沿、中国特色社会主义建设实践、中华文明突出特性等方面进行深刻把握。从理论本质看，习近平文化思想并非马克思主义基本原理＋中华优秀传统文化＋革命文化＋社会主义先进文化＋人类一切优秀文明成果的"拼盘"和"混搭"，不是简单的"物理反应"，而是在更高基础上的传承、转化、融合、创新中所发生的深刻"化学反应"。从核心要义看，习近平总书记从文化的灵魂、根脉、追求、力量、引领等维度深刻揭示了新时代中国特色社会主义文化建设的核心要义。如"文化是一个国家、一个民族的灵魂""中华优秀传统文化是中华民族的文化根脉，其蕴含的思想观念、人文精神、道德规范，不仅是我们中国人思想和精神的内核，对解决人类问题也有重要价值""中国特色社会主义文化积淀着中华民族最深层的精神追求，代表着中华民族独特的精神标识，是中国人民胜利前行的强大精神力量""文化的力量是民族生存和强大的根本力量"等等，这些重要论述，具有极为重要的本体论和认识论意义。

"明体"就要通晓明白习近平文化思想的科学体系。习近平文化思想聚焦新时代中国特色社会主义文化建设中的重大问题，从文化自觉、文化自为、文化自信和文化自强四个方面形成了一个开放发展、内在统一、逻辑严谨的科学体系。文化自觉是主体的文化主体意识觉醒，构成习近平文化思想的逻辑起点。文化自为是主体的文化创新的实践活动，构成习近平文化思想发展壮大的源头活水。文化自信是主体对自身文化生命力的坚定信念，构成习近平文化思想的理性和情感基础。文化自强是文化的真实客观影响力和竞争力，构成习近平文化思想的价值目标和使命担当。

"明体"还要牢牢把握习近平文化思想的原则纲领。习近平文化思想涵盖了关于坚持党的文化领导权、建设具有强大凝聚力和引领力的社会主义意识形态、推动物质文明和精神文明协调发展、"两个结合"的根本要求、新的文化使命、坚定文化自信、培育和践行社会主义核心价值观、以人民为中心的工作导向、推动文化事业和文化产业繁荣发展、保护历史文化遗产和赓续中华文脉、建设网络文明、构建中国话语和中国叙事体系、推动文明交流互鉴等重要内容，为新时代继续推动文化繁荣、建设文化强国提供了科学行动指南。

"达用"与新征程上的文化自信

"达用"意指文化价值功能发挥的可能性，既体现了中华优秀传统文化"经世致用"的秉性，又充分展现了新时代中国特色社会主义的道路自信、理论自信、制度自信、文化自信。《说文·用部》记载："用，可施行也，从卜，从中。"从哲学上看，"用"是基于事物的存在之"体"的一种适宜可行，即"体"的具体表达和具体适用。由此，把习近平文化思想用于指导今天的文化建设、传承发展中华优秀传统文化、建设社会主义文化强国就是其"用"的应有之义。

虽然文化属于精神领域，但文化的价值功能并不局限于精神领域，主要通过理论指导、文艺陶冶、精神激励、价值引领等多种方式展现其独特的教化功能，以达到传递文明、规范人的行为、凝聚社会力量的根本目的。习近平总书记强调："文化自信，是更基础、更广泛、更深厚的自信，是更基本、更深沉、更持久的力量。"我们坚定的文化自信既源自中华优秀传统文化、党领导人民在伟大斗争中孕育的革命文化和社会主义先进文化，也源自对中国特色社会主义伟大实践指导的可施行性和客观有效性，即"达用"。

"达用"体现在以习近平文化思想改造时代新人主观世界的理论自信中。《周易》有一段讨论文化的名言："刚柔交错，天文也；文明以止，人文也。观乎天文，以察时变；观乎人文，以化成天下。"文化之"达用"乃"化成天下"，就是以文来化，既要消除人的野蛮行为习惯，也要消弭人思维中的愚昧落后的思想观念，从而达到塑造个人和引导社会的目的。要掌握意识形态主动权，旗帜鲜明坚持党管宣传、党管意识形态和"两个巩固"，建设具有强大凝聚力和引领力的社会主义意识形态，牢牢把握意识形态工作的领导权、管理权、话语权，营造风清气正的网络文明空间，在各种文化交汇融合中进一步壮大主流价值、主流舆论、主流文化，使全体人民在理想信念、价值理念、道德观念上紧紧团结在一起。抓好精神文明建设，坚持物质文明和精神文明协调发展，大力倡导共产党人的世界观、人生观、价值观，大力加强社会公德、职业道德、家庭美德、个人品德建设，大力加强党风政风、社风家风建设，把社会主义核心价值观融入社会发展各方面，内化成自觉奉行的信念理念，外化为日常行为准则。坚定文化自信，立足中华民族伟大历史实践和当代实践，用中国道理总结好中国经验，把中国经验擢升为中国理论，既不盲从各种教条也不照搬外国理论，实现精神上的独立自主；推动中华优秀传统文化创造性转化、创新性发展，不断提高人民思想觉悟、道德水平、文明素养，把文化自信融入全民族的精神气质与文化品格，展现昂扬向上的风貌和理性平和的心态。

"达用"体现在以习近平文化思想推进中国特色社会主义文化建设的制度自信中。新时代文化建设的路径体现了习近平文化思想的"达用"要求，其核心要义是在担负新的文化使命中推进文化自信自强。要探索面向未来的文化制度创新，坚持"两个结合"，发挥文化引领风尚、教育人民、服务社会、推动发展的作用，牢牢把握社会主义先进文化前进方向，坚持马克思主义在意识形态领域指导地位的根本制度，巩固全体人民团结奋斗的共同思想基础，坚定理想信念，积极实践社会主义核心价值观，激发全民族文化创造活力，不断提高国家文化软实力，增强中华文化影响力。构建中国特色、中国风格、中国气派的中国特色哲学社会科学学科体系、学术体系、话语体系，自觉把马克思主义中国化时代化最新成果贯穿研究和教学全过程，转化为清醒的理论自觉、坚定的政治信念、科学的思维方法，坚持以人民为中心的研究导向，增强问题意识，把研究回答新时代重大理论和现实问题作为主攻方向，不断推进知识创新、理论创新、方法创新。繁荣发展文化事业和文化产业，深化文化体制改革，完善文化经济政策，不断扩大优质文化产品供给；牢固树立马克思主义文艺观，扎根人民、扎根生活开展文艺创作，生产出无愧于我们这个伟大民族、伟大时代的优秀作品；大力推进城乡公共文化服务体系建设，优化城乡文化资源配置，增加农村公共文化服务总量供给，缩小城乡公共文化服务差距。

"达用"体现在以习近平文化思想塑造人类文明新形态的价值自信中。"风物繁衍，地广气豪，为文彬彬，为武纠纠"。信奉"武化"亦即以武力强制改变人的习惯的西方文明①的缔造者，如罗马帝国、奥地利帝国、奥匈帝国、法兰西帝国等，伴随战争、扩张、征服、掠夺、殖民，无一幸免"没落"的历史命运。中国文化的根本精神就在于它的人文文化特质，通过礼乐教化让人形成遵守社会规范的文化自觉和行为自律，在合法、合理、合情的社会关系中建构人类文明。这也是重"文化"行"王道"的中华文明与中华民族强而不霸、弱而不分、绵延不绝的奥秘之所在。要尊重彼此的文明，坚持世界是丰富多彩的、文明是多样的理念，以宽广的胸怀理解不同文明对价值内涵的理解，尊重不同国家人民对价值实现路径的选择，开创天下大同、和谐共生、相得益彰的新文明世界。弘扬全人类共同价值，弘扬和平、发展、公平、正义、民主、自由的全人类

---

① 楼宇烈：《中国文化的根本精神》，中华书局 2016 年版，第 7 页。

共同价值，坚持互利共赢、不搞零和博弈，反对霸权主义和强权政治，把全人类共同价值具体地、现实地体现到实现各国人民利益的实践中。构建人类命运共同体，坚持美人之美、美美与共的文化理念，用文明交流交融破解"文明冲突论"，在推进中国式现代化过程中推动构建人类命运共同体，建设持久和平、普遍安全、共同繁荣、开放包容、清洁美丽的世界，以新的文化使命推动文化自信自强。

体用贯通造就"有机统一的新的文化生命体"

"体者所以用，用者用其体"。"体"即是任一的"存在"，"用"则是基于某一存在的运动变化以及相互关系。"体"是"用"的根本依据，而"用"则是对"体"的运用或表现。"体用贯通"抛弃中西对立、体用二元的僵化思维模式，排除盲目的"华夏中心论"与"欧洲中心论"的干扰[①]，从历史和文化的深层去把握当代中国的文明角色和文化使命，通过融通思想认识和实践创新两个层面，把文化建设提升到一个"综合创化"的认识高度和实践高度。习近平文化思想强调要"体用贯通"，充分展现其传承性、开放性、融通性、自主性、现代性、创化性之间的辩证关系和方法论意蕴，是新时代破解文化"古今中西之争"、造就"有机统一的新的文化生命体"的必由之路。

根脉与魂脉相贯通。中华优秀传统文化是新的文化建设的根脉，马克思主义则是魂脉，二者具有高度的契合性，即体即用、互为体

---

① 张岱年、程宜山：《中国文化精神》，北京大学出版社 2015 年版，第 306 页。

用。文化即"人化"，是人类活动的产物，是打上人类改造自然烙印的各种外显或内隐的精神产品。文化是人类创造的生存的样式系统，来源于生产生活又反过来规范人类的生产生活。习近平文化思想坚持辩证唯物主义和历史唯物主义，是马克思主义基本原理同中国特色社会主义文化建设具体实际相结合的理论成果，是我们在探索社会主义文化建设规律、人类文明发展中得出的规律性认识。因此，我们既要反对"因循守旧"的教条主义，也要抵制狭隘保守的经验主义。唯有坚持用马克思主义激活中华优秀传统文化中富有生命力的优秀因子并赋予新的时代内涵，将中华民族的伟大精神和丰富智慧更深层次地注入马克思主义，才能有效把马克思主义思想精髓同中华优秀传统文化精华贯通起来；唯有坚持马克思主义的指导地位，坚持马克思主义基本原理同中国文化建设实际相结合，用马克思主义的立场观点方法分析和回答文化建设实践中面临的新问题，才能深刻揭示中国特色社会主义新的文化文明运动规律，推动文化理论创新；唯有坚持马克思主义中国化时代化，传承发展中华优秀传统文化，才能不断培育和创造新时代中国特色社会主义文化，在建设社会主义文化强国中展现新气象新作为。

主体与客体相贯通。文化交流必须坚持文化的主体性。习近平总书记在文化传承发展座谈会上指出："任何文化要立得住、行得远，要有引领力、凝聚力、塑造力、辐射力，就必须有自己的主体性。"文化主体性是一个国家在发展过程中表现出来的具有自主性、能动性、对象性的独特价值理念的存在状态，是区别于其他国家所具有的鲜明文化特质和价值标识。文化主体性是文化自信的根本依托，是一个民族的文化和民族精神屹立于世界民族之林的基本条件，是一个国家中民众相互认同的坚实文化基础，是一个国家的政治、经济、文化能够形成影响力的根本前提，也是一个国家在世界文化的大花园中绽放自身文化特色的核心要素。强调文化主体性不是拒斥与外来优秀文化的交流，也不是拒绝借鉴吸收人类一切优秀文明成果。正是在促进不同文化文明的交流互鉴中，才能不断丰富发展新时代中国特色社会主义文化。

传统与现代相贯通。恪守传统容易导致自我封闭、隔绝现代性，但追求主体独立的现代性，又常常会对传统秩序带来挑战。坚持"体用贯通"必须正确面对和处理好文化建设的"古今关系""中外关系"。这个问题近现代以来一直悬置在中国知识分子心中无法回避。实践证明，无论是"中体西用"还是"西体中用"都不切实际。中体西用的错误在于简单认为西方文明是用而不是体，而西体中用的偏颇又在于丢掉了中华文化主体性和文化自信。因此，我们一方面要旗帜鲜明地反对"回到过去"的复古主义，另一方面也要不遗余力地抵制历史虚无主义。习近平总书记在文化传承发展座谈会上指出："对历史最好的继承就是创造新的历史，对人类文明最大的礼敬就是创造人类文明新形态。"中华优秀传统文化既是中华民族的根脉，也是习近平文化思想的深厚底蕴、基本的思想资源和坚实的精神根基。唯有"不忘本来"扬弃传统并广泛地吸收借鉴包括西方文明在内的各种先进文化，通过"和而不同"的文化互补和融合更新，才能实现中华优秀传统文化的创造性转化、创新性发展；唯有融通传统与现代，把现代根植到传统中去，在"两用""双创"中推陈出新，才能使中华文化发扬光大、生生不息，才能建设社会主义文化强国、推动社会主义文化繁荣兴盛。

理论与实践相贯通。理论与实践相贯通是唯物论和辩证法的根本体现，也是习近平文化思想的基本原则。毛泽东同志指出："一个正确的认识，往往需要经过由物质到精神，由精神到物质，即由实践到认识，由认识到实践这样多次的反复，才能够完成。"如此"实践、认识、再实践、再认识，这种形式，循环往复以至无穷，而实践和认识之每一循环的内容，都比较地进到了高一级的程度。这就是辩证唯物论的全部认识论，这就是辩证唯物论的知行统一观"。因此，我们坚持"体用贯通"必须处理好新的文化生命体建设的"知行关系"，既要反对"脱离实践"的文化理性主义，也要摒弃短视功利的文化实用主义，矢志不渝坚持理论联系实际的优良作风，把马克思主义基本原理同中国具体实际相结合、同中华优秀传统文化相结合，续写马克思主义中国化时代化的文化新篇章。这充分体现了习近平文化思想理论与实践的贯通性，即这种思想体系既来源于中国特色社会主义文化建设实践，又是新时代新征程我们继续推动文化繁荣、建设文化强国的强大思想武器和科学行动指南。

（本文刊载于《思想政治工作研究》2024年第2期，执笔人：李小标、刘兴云）

党领导文化主体性建构的三个重要维度

文化是一个动态开放的系统，会随着时代的发展和不同文明之间的交流而发生改变，有的茁壮成长，有的迷失自我，还有的中断消亡……究其原因，"任何文化要立得住、行得远，要有引领力、凝聚力、塑造力、辐射力，就必须有自己的主体性"①。文化主体性是一个国家或民族在文化传承发展中所展现出的独特的价值理念和精神特质，是区别于其他国家、民族且具有鲜明文化特质和价值立场的存在状态。及时总结中国共产党百年来推进文化建设的伟大成就和历史经验，对推进新时代中国特色社会主义文化主体性和中华民族现代文明建设、更好担负起新时代新的文化使命，具有重大现实意义和深远历史意义。

贯通"两脉"以塑建文化主体性

习近平总书记在中共中央政治局第六次集体学习时强调："马克思主义中国化时代化这个重大命题本身就决定，我们决不能抛弃马

---

① 习近平:《在文化传承发展座谈会上的讲话》,《求是》2023 年第 17 期。

克思主义这个魂脉，决不能抛弃中华优秀传统文化这个根脉。"推进文化主体性建构首先要明白中国共产党领导的革命、建设、改革的性质是什么，唯此才能正确把握我们到底要建设什么样的文化，才能始终坚守文化建设的初心使命，不迷失文化建设"为了谁"的问题。马克思、恩格斯在《共产党宣言》中明确提出："在无产阶级和资产阶级的斗争所经历的各个发展阶段上，共产党人始终代表整个运动的利益。"无论在革命、建设还是改革中，中国共产党始终是领导我们事业的核心力量，也始终是文化建设的领导者。

文化主体性建构必须以马克思主义为统领。近代中国遭遇的重重危机归根结底是文化主体性的危机。如何正确处理文化交流的"中西"关系，是近代中国必须直面的问题。以辜鸿铭等为代表的学者提倡"东方文化论"，以胡适、陈序经等为代表的学者主张"全盘西化论"，以杜亚泉等为代表的学者提出"文明调和论"等，都未能引领中华民族和中华文化实现复兴。"东方文化论"固守中华文化主体性却又拒斥现代性，企图以不加任何改变的东方文化救世，既断绝了文化发展的外在压力和挑战，又窒息了文化的生命力；"全盘西化论"试图放弃中华文化的主体性来实现文化的发展，无异于邯郸学步；"文明调和论"在文化主体性上表现得摇摆不定，对中外文化生硬取舍、勉强拼凑。此时中华文化的发展徘徊于历史的十字路口，迫切需要新思想的引领。十月革命一声炮响，给中国送来了马克思列宁主义，"马克思主义把先进的思想理论带到中国，以真理之光激活了中华文明的基因，引领中国走进现代世界，推动了中华文明的生命更新和现代转型"①。近代中国的文化建设从此找到正确方向——发扬民族文化的主体性精神、综合中西文化之长、创造新的中华文化。因此，无论在任何时候我们决不能抛弃马克思主义这个魂脉。

文化主体性建构必须坚持以中华优秀传统文化为基底。文化主体性是一个民族、一个国家的文化自觉，也是长期积淀的文化自信的彰显。《中共中央关于党的百年奋斗重大成就和历史经验的决议》指出，马克思主义理论"必须中国化才能落地生根、本土化才能深入人心"。党领导的文化主体性建构，既要自觉接受马克思主义对整个理论思想体系的统摄、引领、指导，坚持推进马克思主义中国化时代化；也要传承中华优秀传统文化这个根脉，坚持把马克思主义基本原理同中华优秀传统文化相结合。毋庸讳言，中国特色社会主义文化主体性不是凭空出现的，而是建立在创造性转化和创新性发展中华优秀传统文化的基础上，建立在继承革命文化、发展社会主义先进文化的基础上，建立在借鉴吸收人类一切优秀文明成果的基础上。中华优秀传统文化是中华民族的文化基因，蕴含丰富的思想智慧，源远流长、博大精深，其所塑造的中华文明具有突出的连续性、创新性、统一性、包容性、和平性，为文化主体性建构提供了丰盈的思想素材。没有中华文明，就无法凸显社会主义文化建设的中国特色，不吸取中华优秀传统文化，就没有坚实的文化根基。这些文化基因植根在中国人内心、渗透到中国人骨髓，潜移默化地影响着中国人的思想方式和行为方式，是中华民族的文化"根脉"，也是新时代中国特色社会主义文化主体

---

① 习近平:《在文化传承发展座谈会上的讲话》,《求是》2023 年第 17 期。

性建构最为深厚的文化底蕴。

文化主体性建构必须在"两个结合"中贯通"两脉"。要牢牢把握新时代中国特色社会主义文化的本体、本质、规律、原理，不断推进马克思主义中国化时代化和中华优秀传统文化创造性转化、创新性发展，不断丰富和发展文化主体性。1940年，毛泽东同志在《新民主主义论》中运用马克思主义的立场观点方法对近代中国的文化争论做了科学总结，明确提出了新民主主义文化的性质，主张"中国应该大量吸收外国的进步文化"，以及"清理古代文化的发展过程，剔除其封建性的糟粕，吸收其民主性的精华"，这就为中华文化主体性建构指明了前进方向。习近平总书记也强调："文化自信就来自我们的文化主体性。这一主体性是中国共产党带领中国人民在中国大地上建立起来的；是在创造性转化、创新性发展中华优秀传统文化，继承革命文化，发展社会主义先进文化的基础上，借鉴吸收人类一切优秀文明成果的基础上建立起来的；是通过把马克思主义基本原理同中国具体实际、同中华优秀传统文化相结合建立起来的。"新时代中国特色社会主义文化主体性建构，必须贯通根脉与魂脉，既不能完全死抱着传统文化不放，也不能教条主义地看待马克思主义，而是要不断推动马克思主义中国化时代化，与时俱进推进中华优秀传统文化创造性转化和创新性发展。

在批判错误思潮中维护文化主体性

在近代中国思想文化舞台上，在相当长的一段时期，反传统的西化思潮、固守传统的文化保守主义和马克思主义思潮这三大思潮相互交锋、异常活跃。经过长期的错综复杂的思想斗争，马克思主义最终以真理的力量战胜各种思潮成为中国先进知识分子的信仰和选择。但前两种思潮并未销声匿迹，而是在不同时代以不同的样态出现。显然，时下的文化虚无主义、文化霸权主义、文化保守主义等依然与之有着千丝万缕的关联，我们必须持之以恒、敢于善于同各种错误思潮作斗争。

对文化虚无主义消解文化主体性的言行勇于"亮剑"。文化虚无主义与西化思潮遥相呼应，对民族文化、历史遗产往往采用蔑视、虚无的态度，旨在否定中华文化和社会主义文化的主体性，是一种彻头彻尾且危害极为隐蔽的错误思潮。20世纪30年代，"全盘西化论"的代表陈序经曾宣称，"今后中国文化的出路，唯有努力去跑彻底西化的途径"，胡适则提出中国文化西化的具体方案应当仿照"美国模式"。对西方文化的全面肯定和对中华文化的全面否定极大程度上消解了国人的文化自信。对此，李大钊、毛泽东、艾思奇等马克思主义文化旗手纷纷"亮剑"。李大钊同志以马克思主义唯物史观为武器，对当时社会上流行的中不如西、古不如今等文化虚无主义思潮进行批驳，倡导辩证分析对待文化的古今中西等问题。艾思奇同志认为民族文化虚无主义实质上是一种主观唯心主义、庸俗进化论的论调。特别是毛泽东同志深刻揭示文化虚无主义否定物质性、人民性、辩证性的唯心主义和形而上学本质，提出"一定的文化是一定社会的政治和经济在观念形态上的反映""民众就是革命文化的无限丰富的源泉""古为今用，洋为中用"等思想观点，对文化虚无主义进行了彻底的批判，为推动民族的、科学的、大众的马克思主义文化观深入人心作出了卓绝贡献。

对极端文化保守主义窒息文化主体性的言论善于辨析。1840年鸦片战争之后，西方资本主义列强对中国进行经济、政治和文化侵略，全面挑战中华文化的主体性。仍然停留在封建时代的中华文化遭受西方资本主义文化的冲击，中华优秀传统文化如同在脏水中洗澡的孩子，面临同"脏水"一起被抛弃的风险。由此，维护传统文化和批判西方文化——面对西方文化而重估中华文化的价值，面对全球性现代化进程而重估中华传统文化的价值，成为中国近代文化保守主义者的价值取向。文化保守主义内部分化出两种价值选择：一种是温和的文化保守主义，并不盲目对全部传统文化抱残守缺，而是选择性地进行维护和弘扬，在文化传承、交流、交锋中进一步塑建文化主体性；另一种是较为极端的文化保守主义，如"研究国学、保存国粹"的"国粹派"，大搞孔教运动的"孔教派"，反对新文化运动的"东方文化派"和"学衡派"……显然，我们要警惕和批判的主要是第二种极端的文化保守主义。这种潮流没有顺应时代的新进步新进展对传统文化的内涵加以补充拓展和完善，也不能对世界文明中的优秀因素借鉴吸收，窒息了本民族文化的生命力，最终从根本上葬送中华文化主体性。

对文化帝国主义无视非西方文化主体性的言行敢于斗争。美西方国家的文化帝国主义就是要维护和确保自身在世界事务之中的"中心地位"，维持东方"屈从于"或者至少依附于西方的状态，维护西方人在文化和心灵上的优越感。它通过系统地对非西方文化民族国家人民的文化生活渗透和控制，以达到重塑被压迫人民的价值观、行为准则、社会制度，使之服从帝国主义的目的。具体来说，美西方国家在经济上为其文化商品攫取市场，在政治上改造大众意识来建立霸权，在文化领域一方面通过大众媒介、新闻报道、文化消费等兜售其价值观念，让民众麻痹和丧失传统信念；另一方面蔑视他国的文化主体性，鼓吹"普世价值"，将资本主义的全球扩张视为世界历史的普遍本质，将资本主义的"普遍性"极端化为某种"历史必然性"与"普世性"，所有民族国家均不能摆脱，从而达到消解其他民族国家文化主体性的目的。对此，中国共产党在领导文化主体性建设中历来敢于斗争和善于斗争，无论是 20 世纪 20 年代反对帝国主义利用基督教进行文化侵蚀的"非基运动"、毛泽东同志关于"帝国主义和一切反动派都是纸老虎"的战略蔑视、邓小平同志在联大反对霸权主义的讲话，还是习近平总书记"不信邪、不怕鬼、不怕压"的斗争精神……无不展现坚决粉碎一切帝国主义及其文化侵蚀的决心和气魄。

"守正创新"不断发展文化主体性

守正创新是党领导文化主体性构建的根本方法。习近平总书记指出："对文化建设来说，守正才能不迷失自我、不迷失方向，创新才能把握时代、引领时代。"新时代中国特色社会主义文化主体性将在"守正"与"创新"的有机统一发展中愈发坚如磐石。

需要秉持守正创新的中国智慧。习近平总书记在纪念中国人民志愿军抗美援朝出国作战 70 周年大会上的讲话中指出："无论时代如何发展，我们都要激发守正创新、奋勇向前的民族智慧。"中华文化经典中不乏守正创新的智慧，比如，"居中守正，行以致远""周虽旧邦，其命维新""持经达变，守中致和""革，去故也。鼎，取新也""守正笃实，久久为功"等等，无不彰显着中华民族守正创新的基因和传统。可以说，中华优秀传统文化是马克思主义守正创新深厚的文化底蕴。新时代文化主体性建构必须坚持辩证原则，充分运用中华民族的生存智慧，明确守正是创新的基础和根本，创新是守正的保障和发展。新时代发展文化主体性，一方面，不能借时代变迁否定马克思主义基本原理的真理性和马克思主义在意识形态领域的指导地位，也不能抛弃中华优秀传统文化的基本精神；另一方面，要根据时代的进步和变化与时俱进发展马克思主义，推动中华优秀传统文化的创造性转化、创新性发展。只有把两者辩证统一起来，才能从根本上构建起中华文化主体性。

需要展现守正创新的使命担当。守正创新强调马克思主义的主体性原则和革命性本质。守正是创新的前提和基础，遵循规律认识和改造事物，才能使事物在正道上实现新发展。创新是守正的目的和路径，只有揭示新的历史条件下事物发展的规律性，以新认识指导新实践，才能把事物推向新的发展阶段。中华文明是世界上唯一绵延不断且以国家形态发展至今的伟大文明，充分证明其具有自我发展、回应挑战、开创新局的文化主体性与旺盛生命力。在漫长的历史长河中，中国曾经长期处于人类文明的中心，在思想文化、社会制度、经济发展、科学技术等许多方面都居于世界领先地位，并对人类文明发展进步影响深远；虽然也曾经历过历史低潮和剧烈阵痛时期，但中华民族总能以强大的自我更新能力，迸发出求存求强、创新奋进的强大力量，一次又一次战胜各种挑战而焕发新生、继续前进。因此，新时代发展文化主体性离不开坚持守正创新的传统，赓续历史文脉、谱写当代华章，更离不开守正创新的正气和锐气。

需要释放守正创新的强大动能。守正创新揭示了事物发展的根本途径。马克思主义认为，事物发展的实质是新事物代替旧事物，事物经过否定发生质变发展为新事物，这个"否定"不是简单的抛弃，而是内在包含守正的意涵，是新事物对旧事物的扬弃。"守正"必须坚守马克思主义在意识形态领域指导地位的根本制度，强化制度意识、确立制度权威、抓好制度执行，把这一根本制度体现到坚持正确的政治方向、舆论导向、价值取向上，落实到工作理念、思路、举措上，为强国建设、民族复兴提供坚强思想保证和强大精神力量；要坚守"两个结合"的根本要求，勇于进行理论探索和创新，以全新的视野深化对共产党执政规律、社会主义建设规律、人类社会发展规律的认识；尤其要坚守中国共产党的文化领导权和中华民族的文化主体性，从政治和战略全局的高度坚持党管宣传、党管意识形态、党管媒体，牢牢掌握宣传思想文化工作的领导权、管理权、话语权。"创新"就是要通过对现存事物的辩证否定去推动新事物的生成，创造"新思路、新话语、新机制、新形式"。

总之，只有将中华优秀传统文化中的概念、范畴置于马克思主义哲学视域中，对其内涵和外延进行马克思主义的理论改造，把马克思主义的立场观点方法用中国式的概括和民族化的表述生动地表达和诠释出来,才能有效把马克思主义思想精髓同中华优秀传统文化精华贯通起来、把新时代中国特色社会主义的文化主体性真正展现出来。

（本文刊载于《思想政治工作研究》2024 年第 5 期,

执笔人：刘兴云）

用唯物辩证法看党的百年宣传史

习近平总书记指出，"以史为鉴，可以知兴替。我们要用历史映照现实、远观未来"。中国共产党的百年宣传工作波澜壮阔，从中能领略到改造客观世界与改造主观世界的相辅相成，围绕中心服务大局与全面成风化人宣传的相互促进，驾驭宣传规律和运用宣传媒介的相得益彰。只有用唯物辩证法思维看党的百年宣传史，才能真正通晓思维的历史和历史的逻辑，深刻把握党在宣传工作领域的奋斗历程和成功秘诀，揭示我们党的独特思想政治优势，更好地远观未来和掌握历史主动，在新时代新征程上行稳致远。

从物质与意识的辩证关系看宣传史，
深入理解百年大党的历史自觉和历史主动

宣传工作本质上是做群众工作，是通过科学的观点传播或实际行动的影响来改造人的主观世界的活动。对人的主观世界改造过程体现在以一种更科学、更先进的观念代替错误、落后、陈旧的观念。党的百年宣传史深刻揭示了宣传工作中对物质与意识、改造客观世界与改造主观世界辩证关系的准确把握，揭示了对客观规律的尊重和主观能动性的充分发挥。

意识内容的唯一来源是被意识着的客观物质世界，人的主观世界归根结底是对客观物质世界的反映。与改造物质世界相比，改造主观世界难度更高更大。100多年来，我们党的宣传工作之所以能走进群众，主要是因为我们始终坚持以对革命、建设和改革的本质认识和规律认识来抓住群众、鼓动群众、感染群众和改造群众。抓住事物的本质和认识事物的规律，需要掌握调查研究这个"传家宝"。在以毛泽东同志为代表的老一辈无产阶级革命家率先垂范下，我们党初步形成了一切从实际出发、理论联系实际的思想路线和工作方法。从秋收起义到井冈山斗争，再到开辟赣南和闽西革命根据地，针对在革命队伍内部产生的"红旗到底打得多久"的疑问和消极情绪，毛泽东同志之所以能及时提出"星星之火，可以燎原"这样振聋发聩的口号，主要是因为他对周围环境的现状和成因进行过周密调查，并撰写了《宁冈调查》《永新调查》《寻乌调查》《兴国调查》等一批分析严谨和认识准确的调查报告，深刻洞察了土地革命的基本规律。历史和实践证明，坚持实事求是的思想路线和群众路线、在调查研究中掌握规律运用规律是我们党的一大优势。我们党的宣传工作依靠掌握规律运用规律赢得历史主动，也必然在掌握规律运用规律中赢得未来和主动。

除了重视对客观世界、客观规律的认识外，我们党也善于通过宣传工作调动人民群众的主观能动性，激发全社会团结奋进的强大力量，推动革命、建设和改革形势朝着社会历史的正确方向发展。例如，在"打倒列强，除军阀"宣传口号的感召下，共产党人的政治工作对北伐军势如破竹、夺取胜利起了重要作用；在"枪杆子里面出政权"的宣传鼓动下，红军、游击队和红色区域掀起了"农村包围城市，武装夺取政权"的土地革命风暴；提出"一切反动派都是纸老虎"的著名论断，从理论上武装了中国共产党和中国人民，极大增强了同国民党反动派作斗争的勇气、信心、决心；在"抗美援朝，保家卫国"的宣传号召下，中国人民志愿军雄赳赳气昂昂跨过鸭绿江，同朝鲜人民密切配合，首战两水洞、激战云山城、会战清川江、鏖战长津湖，经过艰苦卓绝的战斗，粉碎了西方侵略者陈兵国门试图扼杀新中国的企图，打破了美军不可战胜的神话，打出了国威军威，打出了中国人民的精气神。

宣传工作不能局限于主观世界的斗争，更要把主观世界的改造自觉外化为改造客观世界的能动力量和积极行动。理论只要说服人，就能掌握群众；理论一经掌握群众，也会变成物质力量。要为群众所掌握和认同，就要化理论为德性、化理论为方法。这就要求我们的宣传队伍具备"更多的智慧，思想要更加明确，风格要更好一些，知识也要更丰富些"①。马克思、恩格斯历来把宣传和组织并列为"最有力的行动手段"。党历来重视宣传的组织发动作用，如 1941 年 6 月中共中央宣传部发布的《关于党的宣传鼓动工作提纲》明确提出，"宣传鼓动工作和组织工作对于我们整个党的工作正如鸟之两翼，车之两轮，不可缺一"。显然，没有宣传鼓动也就没有组织工作，没有组织工作也就不能把宣传鼓动工作变成改造世界的物质力量。为此，要大

---

① 《马克思恩格斯全集》第 4 卷，人民出版社 1958 年版，第 304 页。

力加强宣传队伍和宣传机构组织建设，善于运用主题教育等学习组织方式，让理论掌握群众，使群众成为革命、建设和改革的物质力量。要洞悉思想传播、接受、内化规律，在做好宣传工作中提升历史自觉。

从普遍性与特殊性的辩证关系看宣传史，深入理解百年大党的历史担当和历史使命

思想转变过程中表现出的认同与反对、接受与拒斥、批评与赞扬，同样都是矛盾着的现象。"面对复杂形势、复杂矛盾、繁重任务，没有主次，不加区别，眉毛胡子一把抓，是做不好工作的"①。党的百年宣传史在"紧紧围绕主要矛盾和中心任务，优先解决主要矛盾和矛盾的主要方面，以此带动其他矛盾的解决"的伟大历史进程中开展宣传工作，生动再现了我们党所经历的一场场没有硝烟但惊心动魄的斗争。

新民主主义革命时期，帝国主义和中华民族之间的矛盾，封建主义和人民大众之间的矛盾是社会主要矛盾。因此有了反对帝国主义、封建主义、官僚资本主义，争取民族独立、人民解放的历史任务。为此，党始终把宣传工作作为发动群众、组织群众、武装群众的开路先锋，紧紧围绕这个时期革命斗争和思想斗争的主要矛盾组织宣传，宣扬传播马克思主义、引导工农阶级参加国民革命、在长征沿途散播革

---

① 《习近平谈治国理政》第四卷，外文出版社 2022 年版，第 31 页。

命思想火种、动员全体中华儿女凝聚起抵御外侮、救亡图存的共同意志、为全国解放战争和筹建新中国宣传鼓动，推进文化战线反"围剿"斗争，形成了"唤起工农千百万，同心干"的强大力量。

社会主义革命和建设时期，党面对着新中国与帝国主义及其支持的国民党残余势力之间的矛盾、国民经济体系与经济重建之间的矛盾、文化上中国化的马克思主义占主导地位的意识形态与旧社会遗留下来的旧思想旧观念旧习惯之间的矛盾。为此，党主动应对在全国执政、领导社会主义革命和建设面临的新挑战，针对这个时期党和国家进行全社会政治教育和思想改造、推动教育科学文化事业除旧布新等中心工作组织宣传，大力宣传新中国成立三年来在政治、经济、国防及文化教育建设等方面的伟大成就，宣传抗美援朝、土地改革、镇压反革命、"三反""五反"等运动的伟大胜利，全国兴起学习毛泽东同志著作热潮，掀起了社会主义思想道德和文化建设高潮，激发起中国人民"敢教日月换新天"的雄心壮志和万众一心、艰苦奋斗的伟大力量。

结束"文化大革命"后，党和国家从危机中重新奋起，继续探索中国建设社会主义的正确道路，解放和发展社会生产力，使人民摆脱贫困、尽快富裕起来，亟须回答国内关于姓"社"与姓"资"、"计划"与"市场"、"精神文明"与"物质文明"等方面的争论。为此，党的宣传工作在改革中前进、在创新中发展，消除了国内外对改革开放和社会主义现代化建设的各种疑虑杂音，为继续探索中国建设社会主义的正确道路、解放和发展社会生产力、使人民摆脱贫困、尽快富裕起来等关系党和国家前途命运的大政方针的实施汇聚起了磅礴伟力。

党的十八大以来，中国特色社会主义进入新时代。我国正处于实现中华民族伟大复兴的关键时期，各种可以预见和难以预见的困难和问题，形势环境变化之快、改革发展稳定任务之重、矛盾风险挑战之多、对我们党治国理政考验之大前所未有。为此，习近平总书记总揽全局，把宣传工作摆在极端重要位置，亲自谋划部署、亲自指导推动，指引党的宣传工作自觉担负起举旗帜、聚民心、育新人、兴文化、展形象的使命，为实现第一个百年奋斗目标、开启实现第二个百年奋斗目标新征程、朝着实现中华民族伟大复兴的宏伟目标继续前进提供了坚强思想保证和强大精神力量。

历史和实践表明，党的宣传工作是否成熟，关键看能否直面普遍存在的矛盾并运用矛盾分析方法分析革命、建设和改革中遇到的各种矛盾；看能否争取和创造有利于宣传的环境，抓住革命、建设和改革实践斗争和思想斗争中的主要矛盾和矛盾的主要方面，不断团结人民、凝心聚力、鼓舞士气，使党的路线方针政策深入人心，推动党和国家事业在危机中育新机、于变局中开新局。

从全局与局部的辩证关系看宣传史，
深入理解百年大党对历史主流和历史大势的把握

宣传工作从来不是一种孤立的实践行为，而总是与经济结构引起的社会环境、社会事件的整体变化密切联系在一起。百年宣传史是百年党史的一部缩影，一方面，宣传工作与党的全部事业相伴而生、同

向而行、交相辉映，为促进党的事业兴旺发达和实现中华民族伟大复兴发挥着巨大推动和引领作用。另一方面，党的事业又为具体的、局部的、阶段性宣传工作纵深发展和守正创新提供了发展保障。习近平总书记把实现中华民族伟大复兴作为"党和国家工作大局"，强调宣传工作要为实现强国建设、民族复兴提供思想保证、舆论支持和精神动力，这也是宣传工作服务大局的时代要求。

宣传工作从来都不是抽象的、孤立的，而是具体的、联系的，应当放到党和国家工作大局和战略全局中来谋划和推动，应当把握历史大势，从整体性、组织性、系统性的高度塑造和壮大有利于革命、建设和改革的主流舆论氛围。例如，抗日战争胜利后，全国各阶层人民强烈要求实现独立、和平、民主、统一、富强的共同意志，汇成了推动中国社会进步的潮流，汇聚成任何人都无法阻挡的历史大势。但国际国内局势也异常复杂，为真诚表达对争取和平的愿望，揭穿国民党"假和平""真备战"的阴谋，争取一切抗日政党及爱国人士的支持，我们党从中华民族的整体利益出发提出"和平、民主、团结"的口号，毛泽东、周恩来等同志不顾个人安危亲赴重庆会见国民党左派、中国民主同盟负责人、国民党军政要员、各国大使，进行各种宣传活动，使中国共产党和平、民主、团结的方针广为知晓，得到各界人士普遍支持，赢得了政治上的主动。

作为党的事业的重要组成部分的宣传工作，从来不是教条的、生硬的，而是创新的、灵活的，应当紧紧围绕形势任务的变化而创造性服务于党的事业，为党的事业蓬勃发展发挥关键作用。历史和实践启迪我们，新时代新征程应当把党的百年宣传史放到百年党史中去观察和把握，立足"全局"，重视"局部"，既注重发挥"整体"系统的统筹引领作用，也着力发挥"部分"要素的有序结构功能，让各个阶段、各个环节、各个部分、各种形式的宣传有序开展，让反映历史大势的舆论遍地开花，从而不断丰富、壮大主流舆论氛围。我们要正确处理好一体化与分众化、差异化之间的辩证关系；要掌握系统优化的方法，在工作中既要胸怀全局、着眼大业，又要注重细节、补齐短板，努力做好各个部门、各个行业的宣传工作，为党和国家事业发展唱响主旋律、激发正能量、凝聚精气神；始终同党中央保持高度一致，在大局的指引下布局宣传工作，在纷繁复杂工作中理清头绪，分清主流与支流，牢牢抓住历史的主题主线，把握历史发展主流和大势，在历史前进的逻辑中前进，在时代发展的潮流中发展。

从形式与内容的辩证关系看宣传史，深入理解百年大党的历史自信和与时俱进的品格

1859 年马克思在给维也纳《新闻报》撰稿时提出了一个关于宣传"写什么"和"怎样写"的问题。"写什么"即宣传内容本身是确定的，而"怎样写"就要思考如何根据不同的环境和对象选择合适的表达形式。这实际上阐发了宣传工作应当如何处理"内容"和"形式"之间辩证关系的问题。

根据不同历史时期的历史任务和工作形势，坚持宣传内容为王、宣传形式多样化、媒介推广多渠道，系统性、一体化、理直气壮地

展开宣传，是我们党推动革命、建设和改革事业顺利发展的重要保证。一是与时俱进做好主题出版、理论传播等工作，出版《马克思恩格斯文集》《列宁选集》《毛泽东选集》《邓小平文选》《习近平谈治国理政》等重要著作，创办《人民日报》《解放日报》《共产党人》等一大批刊物，系统地宣传马克思主义及其中国化的最新理论成果，宣传中国革命、建设和改革的伟大实践。二是始终坚持与党同心、与人民同行、与时代共进，积极宣传党的路线方针政策，及时反映群众呼声、回应社会关切，记录时代风云、推动社会进步，为推动党的各项事业进步鼓与呼。三是响应党提倡的"政治和艺术的统一，形式和内容的统一，革命的政治内容和尽可能完美的艺术形式的统一"创作标准，把党的大政方针精神实质和内涵要求融入艺术作品，如在革命时期涌现出了以《小二黑结婚》《吕梁英雄传》《青春之歌》等为代表的一大批长篇小说，以《东方红》《义勇军进行曲》《歌唱祖国》等为代表的一大批革命歌曲，以《白毛女》《洪湖赤卫队》《江姐》等为代表的一大批曲艺作品，以《白求恩大夫》《红旗谱》《烈火中永生》等为代表的一大批优秀影视作品，丰富了人民的精神生活，增强了党的方针政策的时代化、形象化、大众化传播。四是建设"中国共产党第一次全国代表大会会址纪念馆""延安革命纪念馆""西柏坡纪念馆""中国人民革命军事博物馆"等革命历史纪念馆和军事博物馆，让人民群众触摸中国革命的红色记忆，回望革命先烈的丰功伟绩，感受百年大党的历史自信和民族自豪，接受精神上、思想上的洗礼。

"宣传思想工作创新，重点要抓好理念创新、手段创新、基层工作创新"①。党的百年宣传史展现了不同时期的宣传理念、传播渠道和媒介运用的成功经验。一是坚持灌输与浸润相结合、讲道理与讲故事相结合、群众需求和党的主张相结合、正面宣传与反面批驳相结合，加强对宣传工作的内容、形式和方式的创新创造，更好地实现党的方针政策和满足人民群众日益增长的多样化、多层次、多方面的精神文化需求。二是通过新闻舆论、学术研究、文化交流等形式讲好中国故事、传播中国声音、赢取国际话语权。例如，抗日战争时期，通过邀请民主人士造访延安、接受中外记者和美军观察组考察、在国外报刊发表文章等形式，向国际社会讲述中国抗战故事，赢得了国际社会广泛同情和真诚援助。三是积极发挥媒体融合的系统功能，增强宣传工作的整体效能。例如，土地革命战争时期，针对不同宣传对象，采取读报、印传单、办黑板报、文艺演出和革命歌谣等不同形式的宣传策略取得显著成效。新时代宣传工作主动拥抱 5G、大数据、云计算、人工智能等新兴技术，强化互联网思维，坚持传统媒体和新兴媒体优势互补、一体发展，坚持以先进技术为支撑、以内容建设为根本，推动传统媒体和新兴媒体在内容、渠道、平台、经营、管理等方面的深度融合，为夺取新时代中国特色社会主义伟大胜利、实现中华民族伟大复兴提供强大的舆论支持和精神动能。

形式是事物存在和表现的方式，内容则是事物存在的基础。一切表现形式都是表达一定内容的载体，离开了一定的内容，再丰富多样的表现形式也是苍白无力的。历史和实践表明，做好宣传思想文化工

---

① 《习近平谈治国理政》第一卷，外文出版社 2018 年版，第 155 页。

作必须把握好内容和形式的辩证关系，既不能脱离内容把宣传变成没有客观真实内容的"辩证词句"和空洞的口号，也不能不注重形式把党的方针政策变成简单直白的"硬灌输"。

（本文刊载于《思想政治工作研究》2022年第11期，执笔人：李小标、闫宏伟）

矛盾与中和：从思维方式看"第二个结合"的内在契合性

2023 年 6 月，习近平总书记在文化传承发展座谈会上指出："马克思主义和中华优秀传统文化来源不同，但彼此存在高度的契合性。相互契合才能有机结合。"契合，意为两相符合。不同事物的契合性就是一种先在的共同性。从某种意义上讲，马克思主义同中华优秀传统文化之所以能实现"第二个结合"，正是由于两者在思维方式上存在一定的一致性和融通性。思维方式是指看待问题的方式和角度，具体表现在思想观念、人文精神、道德规范上。因此，从思维方式的角度，对马克思主义和中华优秀传统文化的结合进行分析，就显得尤为必要。

辩证思维：马克思主义的根本思维方法

马克思主义辩证思维是在批判性继承人类认识史积极成果的基础上形成的。马克思和恩格斯批判地吸收了黑格尔辩证法思想的合理内核和费尔巴哈唯物主义的基本内容，创立了辩证唯物主义和历史唯物主义。恩格斯指出："全部哲学，特别是近代哲学的重大的基本问题是思维和存在的关系问题。"这一过程实现了西方哲学演进史上的问题域转变，超越了以笛卡尔为代表的近代西方哲学。由此，马克思以实践为中心，对旧唯物主义和唯心主义进行了彻底批判。他认为，现存世界中的自然和社会是在人类实践中融为一体的。实践作为人类能动地改造世界的客观物质活动，实现了人与自然、人与社会关系的有机统一，从而确立了辩证唯物主义的基本观点。

马克思主义辩证思维的核心是矛盾分析方法，这是由对立统一规律概括出来的。马克思认为，两个相互矛盾方面的共存、斗争以及融合成一个新的范畴，就是辩证运动的实质。恩格斯在《反杜林论》中批判否认事物矛盾的观点，全面论述了矛盾规律，并提出"运动本身就是矛盾"的重要命题。列宁在《辩证法的要素》一文中提出："可以把辩证法简要地规定为关于对立面的统一的学说。"毛泽东同志在《矛盾论》中强调："事物的矛盾法则，即对立统一的法则，是唯物辩证法的最根本的法则。"因此，对立统一规律被称为唯物辩证法的实质和核心，因为它揭示了普遍联系的本质内容和发展变化的根本源泉。

辩证思维的实质是按照唯物辩证法的原则，在联系和发展中把握认识对象，在对立统一中认识事物。马克思将辩证法运用到社会历史领域，科学地揭示了人类社会发展规律，如生产力与生产关系的辩证统一、经济基础与上层建筑的辩证统一等。毛泽东同志进一步阐发了这一思想："诚然，生产力、实践、经济基础，一般地表现为主要的决定的作用，谁不承认这一点，谁就不是唯物论者。然而，生产关系、理论、上层建筑这些方面，在一定条件之下，又转过来表现其为主要的决定的作用，这也是必须承认的。"

马克思主义辩证思维具有普遍性，它为我们认识世界和改造世界提供了根本方法。这种思维方式不仅适用于自然科学领域，也适用于社会科学和人文科学领域，为我们分析和解决复杂问题提供了有力工具。同时，马克思主义辩证思维也具有鲜明的时代性。恩格斯强调："我们的理论是发展着的理论，而不是必须背得烂熟并机械地加以重复的教条。"在当代，面对新的时代挑战，马克思主义辩证思维仍然显示出强大的生命力和解释力。

值得注意的是，马克思主义辩证思维与中华优秀传统文化中的"中和"辩证思维方式有着深刻的相通和互补之处。这种内在契合为马克思主义中国化提供了重要基础，也是实现"第二个结合"的内在动力。

中和思维：中华优秀传统文化的主导思维

中华文明源远流长，以中和思想为核心，塑造了中华民族的根魂。这种崇尚和谐、天人合一、协和万邦、和而不同的文化理念，深深影响着每一个中国人，成为民族的集体无意识。"贵和尚中"不仅是一种文化理念，更是中国之为中国的重要标志，体现了中华文化的独特智慧和宽容品格。

中和思想的起源可以追溯到先秦时期。《中庸》中提出："中也者，天下之大本也；和也者，天下之达道也。致中和，天地位焉，万物育焉。"这一论述将"中"与"和"提升到宇宙本体和万物生成的高度。

春秋时期，晋国史墨提出"物生有两"的观点。《左传》记载："物生有两。有三，有五，有陪贰。故天有三辰，地有五行，体有左右，各有妃耦。王有公，诸侯有卿，皆有贰也。"这一思想为后世的阴阳学说和辩证法思想奠定了基础。孔子进一步发展了中和思想，提出"执两用中"的观点。《中庸》记载："舜其大知也与！舜好问而好察迩言，隐恶而扬善，执其两端，用其中于民，其斯以为舜乎！"这一思想强调了在矛盾双方中寻求平衡的重要性。道家思想对中和思维的发展也产生了重要影响。老子在《道德经》中提出："万物负阴而抱阳，冲气以为和。"这一观点强调了阴阳对立统一的关系，以及和谐的重要性。宋明时期，中和思想得到了进一步的发展和深化。周敦颐在《太极图说》中提出"一动一静，互为其根；分阴分阳，两仪立焉"的观点，强调了事物的对立统一关系。朱熹也说："圣人看天下物皆成两片也。……只是阴阳而已。"(《朱子语类·邵子之书》) 到了明清时期，王夫之提出了"两端一致"的诠释思维，将中和思想应用于经典诠释中。他指出："天下之万变，而要归于两端。两端生于一致。"(《老子衍》) 这一思想强调了对立面的统一性，为中和辩证思维提供了新的视角。

中和辩证思维的核心在于强调平衡与和谐。它不仅关注事物的对立面，更注重对立面之间的统一性和相互转化。这一点在张载的《张子正蒙》中体现得十分鲜明。首先，从内涵来说，中和思维首要强调的是"一"与"两"的关系。张载提出"一物两体"的观点，认为作为世界本始的物质实体"气"是兼涵阴阳的统一体。他指出："两体者，虚实也，动静也，聚散也，清浊也，其究一而已。"

（《张子正蒙·太和》）这种思维方式强调了统一体与对立面的密切关系。张载进一步阐述："两不立则一不可见，一不可见则两之用息。"（《张子正蒙·太和》）这一论述深刻揭示了"一"与"两"的辩证关系，即统一体与对立面的相互依存性。其次，中和思维十分注重对立面的相互作用。"气有阴阳，屈伸相感之无穷，故神之应也无穷；其散无数，故神之应也无数。"（《张子正蒙·乾称》）这种观点强调了对立面之间的相互作用是永无止境的。他进一步指出："若阴阳之气，则循环迭至，聚散相荡，升降相求，绸缊相揉，盖相兼相制，欲一之而不能，此其所以屈伸无方，运行不息，莫或使之，不曰性命之理，谓之何哉？"（《张子正蒙·参两》）这一论述生动描绘了对立面之间复杂的相互作用过程。再次，中和思维致力于揭示事物变化的内在根源。张载提出："一物两体，气也；一故神'两在故不测'，两故化'推行于一'，此天之所以参也。"（《张子正蒙·参两》）这一观点明确指出了事物运动变化的原因在于事物所包含的对立面之间的相互作用。这种思想对后世的辩证法理论产生了深远影响。中和思维还特别强调事物的多样性与统一性。张载认为："万物虽多，其实一物，无无阴阳者。"（《张子正蒙·太和》）这一观点既肯定了世界的多样性，又指出了万物的统一性基础。最后，他提出"对""反""仇""和"的辩证过程。张载指出："有反斯有对，对必反其为，有反斯有仇，仇必和而解。"（《张子正蒙·太和》）这一思想描述了事物发展变化的辩证过程，充分体现了中和思想的动态性和过程性。

中和思维是中华优秀传统文化的精髓，也是贯穿中国古代政治、哲学、美学、医学等领域的主导思维方式，在中国传统文化的各个领域都有广泛的应用。在哲学领域，中和辩证思维成为解释世界和指导实践的重要方法。王夫之的哲学思想在宇宙论、认识论和历史观方面都体现了深刻的辩证法思想。他提出："太和，和之至也。道者，天地人物之通理，即所谓太极也。阴阳异撰，而其絪缊于太虚之中，合同而不相悖害，浑沦无间，和之至矣。"（《船山遗书·张子正蒙注》）。与张载相近，王夫之从宇宙本体论的高度，充分肯定"太和"是宇宙存在的最完美秩序（"和之至"），这种秩序又恰是以"阴—阳"等对立面之间的"絪缊"与"合同"为前提，故而存在的秩序不仅表现为静态的方式，更是在内在的意义上展开为一个动态的过程。在美学领域，中和思想成为评判美的重要标准。中国美学以"中和"为最高境界和理论范式，"中"同"美是和谐"的古典美学理念相结合，形成了具有中国特色的美学范式。在政治思想中，中和思想也得到了广泛应用。孔子的"执两用中"思想成为治国理政的重要原则，强调在各种矛盾中寻求平衡与和谐。在医学领域，中和思想成为中医学的核心理念。中医学的阴阳学说、五行学说等都体现了中和辩证思维。《素问·生气通天论》中指出："阴平阳秘，精神乃治"，强调了阴阳平衡对健康的重要性。在文化传承和创新方面，中和辩证思维也同样发挥了重要作用。总之，中华文明从其源头就形成了执两用中、守中致和的中和辩证思维方法，并成为中华优秀传统文化的核心理念。由"中"致"和"，展现出一种由己及人、由人及物、由人类社会及宇宙万物的一种认识过程和思维推理模式。

中和思维与辩证思维的内在契合

马克思主义辩证思维和中华优秀传统文化的中和辩证思维虽源于不同的文化体系，但在哲学理念、思维方式和价值追求上存在深刻的内在契合性。

首先，两种思维方式都强调对立统一的辩证关系。马克思主义辩证法的核心是矛盾的对立统一，认为事物的发展源于内部矛盾的运动。中和思维同样强调对立面的统一，如张载提出的"一物两体"观点："两体者，虚实也，动静也，聚散也，清浊也，其究一而已。"这表明中和思维也认识到对立面之间的相互转化和统一。其次，两种思维方式都注重整体性和系统性。马克思主义强调事物之间的普遍联系，要用联系的、发展的眼光看问题。中和思维同样强调整体观，这种整体性思维使得两种思想都能够全面、系统地分析问题。再次，两种思维方式都重视实践和变革。马克思指出："哲学家们只是用不同的方式解释世界，问题在于改变世界。"中和思维虽然强调和谐，但并不意味着固守现状，而是通过调解矛盾、化解冲突来推动发展。如王夫之强调诠释应是一种历史的诠释，要在"两端"的理解中感悟"一致"的历史之道。最后，两种思维方式都指向理想社会的构建。马克思主义指向共产主义社会，中华传统文化则指向大同社会。马克思设想的共产主义是"人和自然界之间、人和人之间的矛盾的真正解决"。《礼记·礼运》中描述的大同社会是"大道之行也，天下为公，选贤与能，讲信修睦"，两者都追求一个和谐、公正的理想社会。

尽管存在诸多共同点，由于根植于中西不同的文化传统，马克思主义的辩证思维与中和辩证思维之间仍然存在诸多显著差异。首先，两种思维的理论基础不同。马克思主义的辩证思维建立在实践唯物主义的基础上，强调物质决定意识，社会存在决定社会意识。中和思维则源于中国传统哲学，包含了天人合一、阴阳五行等观念，如老子所说："万物负阴而抱阳，冲气以为和。"这种思想带有一定的唯心主义色彩。其次，对矛盾的认识有所不同。马克思主义的辩证思维强调矛盾的普遍性和绝对性，认为矛盾是推动事物发展的根本动力；中和思维虽然也认识到矛盾的存在，但更强调调和矛盾、追求和谐。再次，方法论上有差异。马克思主义的辩证思维提供了一套系统的分析方法，包括矛盾分析法、历史分析法等；中和思维则更多地体现为一种思维倾向和价值取向，方法论体系不如马克思主义那么严密。最后，在社会变革的路径上有所不同。马克思主义强调通过阶级斗争和社会革命来实现社会变革；中和思维则更倾向于通过道德教化和制度改良来实现社会进步。

尽管存在差异，马克思主义辩证思维与中国中和辩证思维在深层次上仍然具有高度的契合性和互补性。

首先，两种思维方式都致力于解决人与自然、人与人之间的关系问题。马克思主义的生产力与生产关系辩证统一原理，实质上是解决人与自然、人与人之间的矛盾关系。中和思维中的"中"和"和"同样关注这两个层面的关系。如《中庸》中所说："致中和，天地位焉，万物育焉。"这种共同关注为两种思维的结合提供了基础。其次，两种思维方式都强调发展的动态性和辩证性。毛泽东同志曾用唯物辩证法解释"中庸",他说:"过犹不及乃指一定事物在时间与空间中运动,当其发展到一定状态时,应从量的关系上找出与确定其一定的质,这就是'中'或'中庸',或'时中'。"这种解释体现了马克思主义与中华传统思想的深度融合。再次,两种思维方式在实践中相互补充、相互促进。中和思维为马克思主义中国化提供了丰富的文化资源和思想素材。同时,马克思主义的科学性和革命性也为中和思维注入了新的活力。恩格斯强调:"我们的理论是发展着的理论,而不是必须背得烂熟并机械地加以重复的教条。"这种观点与中和思维的灵活性相呼应。最后,两种思维方式的结合为解决当代中国和世界面临的复杂问题提供了新的思路。习近平新时代中国特色社会主义思想就是坚持马克思主义基本原理同中国具体实际相结合、同中华优秀传统文化相结合的最新理论成果。习近平总书记指出,"坚持古为今用、推陈出新……有效把马克思主义思想精髓同中华优秀传统文化精华贯通起来"。这种结合不仅丰富了马克思主义理论,也为中华优秀传统文化的创新发展开辟了新途径。中和思维提倡的不偏不倚、和而不同,为我们在复杂的国际环境中处理各种关系提供了智慧。马克思主义的科学性和革命性,则为我们在新时代推动社会发展提供了强大动力。

总之,马克思主义辩证思维与中国中和辩证思维的结合,体现了习近平总书记的大历史观和大文化观。这种结合不是简单的拼凑,而是在深层次上的融会贯通,创造了新的文化生命体,它既坚持马克思主义的基本立场、观点和方法,又深深扎根于中华文化沃土,具有鲜明的中国特色。正如邓小平同志所言:"马克思主义理论从来不是教条，而是行动的指南。它要求人们根据它的基本原则和基本方法，不断结合变化着的实际，探索解决新问题的答案，从而也发展马克思主义理论本身。"这种结合为我们在新时代推进中国特色社会主义事业，实现中华民族伟大复兴提供了强大的思想武器和精神动力。

（本文刊载于《思想政治工作研究》2024 年第 10 期，执笔人：胡勇、孙强）

科学解码"四个之问"的精彩答卷

——深入学习《习近平谈治国理政》第四卷

时代是出卷人，我们是答卷人。面对快速变化的世界和中国，坚持问题导向，科学回答和解决新情况新问题，马克思主义才会保持生命力和说服力。《习近平谈治国理政》第四卷收入习近平总书记在2020年2月3日至2022年5月10日期间的109篇重要著作，这些著作集中展现了习近平总书记立足实现中华民族伟大复兴战略全局和世界百年未有之大变局，科学回答了中国之问、世界之问、人民之问、时代之问（以下简称"四个之问"），展现出强烈的历史清醒、历史自觉、历史主动和历史自信，是习近平新时代中国特色社会主义思想的重要体现，闪耀着21世纪马克思主义的真理光辉。

始终保持回应"四个之问"的历史清醒

历史是过去的现实，现实是未来的历史。历史是最好的教科书，也是最好的清醒剂。始终保持历史清醒，是我们党执政兴国的大智慧。我们要居安思危，时刻警惕我们这个百年大党会不会变得老态龙钟、疾病缠身，对党的历史上走过的弯路、经历的曲折不能健忘失忆,对中外政治史上那些安于现状、死于安乐的深刻教训不能健忘失忆;对自身存在的问题不能反应迟钝,处理动作慢腾腾、软绵绵。

新时代我们党始终坚持以史为鉴、总结经验,从历史中得到启迪、得到定力,充分展现了回应"四个之问"的历史清醒。鸦片战争以来,国家蒙辱、人民蒙难、文明蒙尘,中华民族遭受了前所未有的劫难:两次鸦片战争、中法战争、甲午中日战争、八国联军入侵、日本侵华……帝国主义列强在中国的国土上肆意横行、烧杀掠夺、无恶不作,中华民族陷入任人宰割、丧权辱国的悲惨境地,中国人民生活在水深火热之中。中国怎么了?人民怎么办?这是近代以来中国人民从未放弃的追问。今天,世界多极化、经济全球化深入发展的浪潮不可阻挡,和平与发展的大势不可阻挡,但一些逆全球化的保护主义、单边主义不断抬头,霸权主义、强权政治愈演愈烈。合作还是对抗?开放还是封闭?为此,《习近平谈治国理政》第四卷站在历史高度,始终保持"以史为鉴"的历史清醒,提出"我们要用历史映照现实、远观未来,从中国共产党的百年奋斗中看清楚过去我们为什么能够成功、弄明白未来我们怎样才能继续成功";指出马克思主义是指导我们科学回答"四个之问"的强大思想武器,概括了具有根本性和长远性指导意义的"十条历史经验"。

新时代我们党始终坚持脚踏实地、认清方位,明确前进方向、确定科学发展战略,充分展现了回应"四个之问"的历史清醒。历史清醒体现在对历史方位和历史任务的准确把握上,体现在"准确识变、科学应变、主动求变"的实践自觉上,体现在"在危机中育先机,于变局中开新局"的实际行动上。《习近平谈治国理政》第四卷充分体现了我们党对历史进程的深刻认识、对历史规律的深刻把握，展现出高度的历史清醒。正如习近平总书记指出的那样："总结历史是为了使全党从历史进程中洞察历史发展规律和时代发展大势，提高认识水平和辨别能力，增强锚定既定奋斗目标、意气风发走向未来的勇气和力量，更加清醒、更加坚定地办好当前的事情。"因此，100多年来不管形势和任务如何变化，不管遇到什么样的惊涛骇浪，我们党都始终锚定奋斗目标，沿着正确方向坚定前行。

新时代我们党始终保持忧患意识和斗争精神，坚持把握根本、准确识变，充分展现了回应"四个之问"的历史清醒。习近平总书记指出："面对快速变化的世界和中国，如果墨守成规、思想僵化，没有理论创新的勇气，不能科学回答中国之问、世界之问、人民之问、时代之问，不仅党和国家事业无法继续前进，马克思主义也会失去生命力、说服力。"《习近平谈治国理政》第四卷关于"四个之问"的回答，体现了习近平总书记宏阔的历史视野和长远的历史眼光，体现了对党的历史的深邃思考和科学把握，体现了对学史明理、学史增信、学史崇德、学史力行的战略考量，为我们以史为鉴、开创未来，在新时代更好坚持和发展中国特色社会主义指明了前进方向。历史和实践表明，如果没有对"中国之问"的清醒回答，我们就难以对建设什么样的社会主义现代化强国、怎样建设社会主义现代化强国有科学的把握；如果没有对"世界之问"的清醒回答，我们就难以提出能够体现中国立场、中国智慧、中国价值的理念、主张、方案；如果没有对"人民之问"的清醒回答，我们就难以正确理解把握社会主要矛盾的发展变化，不断满足人民群众的美好生活需要，实现人的自由全面发展；如果没有对"时代之问"的清醒回答，我们就难以在整个人类发展的历史长河中，透视出历史运动的本质和时代发展的方向，在历史前进的逻辑中前进，在时代发展的潮流中发展。

始终展现作答"四个之问"的历史自觉

历史自觉既包括对历史运行规律的深刻领悟，也包括对社会发展前景的主动营造，是在把握历史发展大势基础上的主动作为，是把握历史规律与掌握历史主动的统一。

在回应"四个之问"的重大战略问题中保持历史自觉。在历史面前，只有自觉把握中国社会发展规律和历史大势，在历史潮流中认清方位、明确方向，我们才能保持历史主动，坚定历史自信，续写历史新篇。《习近平谈治国理政》第四卷体现了历史视野、历史自觉和历史担当。为回应重大战略问题，习近平总书记科学谋划、统筹部署，提出一系列重大方针政策，推动"五位一体"总体布局和"四个全面"战略布局，准确把握新发展阶段，贯彻新发展理念，构建新发展格局，以伟大自我革命引领伟大社会革命。以自我革命作为跳出"历史周期率"的第二个答案，主动刀刃向内，坚持真理、修正错误，彰显了坚定的历史自觉。

在总结回答"四个之问"的历史经验中坚定历史自觉。历史发展永无止境，党的奋斗也永无止境，对党的历史经验的总结和运用也永无止境。《习近平谈治国理政》第四卷深刻蕴含对共产党执政规律、社会主义建设规律、人类社会发展规律的洞察。习近平总书记在庆祝中国共产党成立 100 周年大会上提出以史为鉴、开创未来的"九个必须"，在省部级主要领导干部学习贯彻党的十九届六中全会精神专题研讨班开班式上深刻阐述的"五个重大问题"，在参加十三届全国人大五次会议内蒙古代表团审议时提出的"五个必由之路"，这些重要论述、重要经验相辅相成，贯通历史、现在、未来，构成了党的百年奋斗历史经验的有机整体，体现了理论逻辑、实践逻辑、历史逻辑和党的自身建设逻辑的高度统一，彰显了百年大党的伟大历史自觉。

在把握国内外局势发展变化中彰显历史自觉。当前国内外发展环境正发生着深刻变化，世界面临的不稳定不确定因素在不断增加。从国内看，我国发展环境的复杂性、严峻性、不确定性上升。当代中国正在经历人类历史上最为宏大而独特的实践创新，改革发展稳定任务之重、矛盾风险挑战之多、治国理政考验之大都前所未有。从国际上看，百年未有之大变局加速演进，地缘政治较量伴随环境气候问题，人类文明走到一个十字路口："世界怎么了、我们怎么办、人类向何处去"。胸怀中华民族伟大复兴战略全局，应对百年未有之大变局，我们唯有增强历史定力、扛起历史使命，以历史主动赢得战略主动、发展主动、未来主动，不断在世界的时间历史里创造属于我们的历史时间，把中华民族伟大复兴的历史伟业推向胜利。

始终掌握作答"四个之问"的历史主动

对历史进程的认识越全面，对历史规律的把握越深刻，党的历史智慧越丰富，对前途的掌握就越主动。"有一定之略，然后有一定之功。"历史发展有其内在规律,我们必须科学把握历史规律,正确运用历史规律。我们党的百年奋斗史表明,只有发扬伟大历史主动精神,我们才能在各个历史时期赢得伟大斗争、开创伟大事业。习近平总书记指出:"一代又一代中国共产党人不畏艰难险阻、直面风险挑战,顽强拼搏、不懈奋斗,展现出伟大的历史主动精神,构筑起中国共产党人的精神谱系,形成了党的光荣传统。"我们谋划和推进党和国家各项工作,必须深入分析国际国内大势,科学把握战略机遇和风险挑战,在"山雨欲来"前未雨绸缪,在"一叶知秋"中谋定后动,从而赢得理论上的主动和实践上的主动,以正确的战略策略应变局、育新机、开新局。

在回答"四个之问"的伟大探索中不断推进中国式现代化,赢得实践上的主动。战略上判断得准确、战略上谋划得科学,才能赢得战略上的主动、实践上的主动。如果我们偏离了认识规律、掌握规律、运用规律的科学路径,脱离了实事求是的原则,就会重蹈历史覆辙。赢得实践上的主动必须建立在重视历史经验、认清历史条件、遵循历史规律的基础之上,必须把握大势、着眼长远,采取正确的战略策略,下好先手棋、打好主动仗。坚持新发展理念、把握新发展阶段、构建新发展格局是我们应对世界大变局的战略举措,也是我们顺应国内发展阶段变化、塑造国际合作竞争新优势的必然选择,是把握发展主动权的先手棋。从越走越宽广的"中国之路"中,我们的道路自信愈发坚定;从具有强大真理和道义力量的"中国之理"中,我们的理论自信日益夯实;从历经风雨更显优越的"中国之治"中,我们的制度自信持续筑牢;从深植于悠远历史和深厚文脉的"中国之魂"中,我们的文化自信不断增强。

在回答"四个之问"中不断推进马克思主义中国化时代化，赢得理论上的主动。推进实践基础上的理论创新是我们党的一大理论优势，也是我们党领导人民进行革命、建设和改革事业的一条重要经验。理论上获得主动，精神上就会更加从容。毛泽东同志指出："自从中国人学会了马克思列宁主义以后，中国人在精神上就由被动转入主动。"从百年党史看，我们党的兴旺发达离不开创新发展的科学理论的指导。深化对"四个之问"的科学回答，要坚持马克思主义基本原理，坚持实事求是，从中国实际出发，洞察时代大势，把握历史主动，不断推进马克思主义中国化时代化，指导中国人民不断推进伟大社会革命。《习近平谈治国理政》第四卷第一专题"掌握历史主动，在新时代更好坚持和发展中国特色社会主义"中的四篇文献提出坚持把马克思主义基本原理同中国具体实际相结合、同中华优秀传统文化相结合，即"两个结合"，极大地发展了马克思主义在新时代的科学内涵，彰显了与时俱进、守正创新的理论品格。"十个坚持"历史经验深刻揭示了我们党自身所具有的独特优势，是我们党将历史主动精神转化为伟大实践的非凡智慧。例如，坚持敢于斗争，把历史主动精神转化为攻克一切挑战的坚韧力量；坚持人民至上，把历史主动精神转化为人民群众的创造力量；坚持团结奋斗，把历史主动精神转化为实现民族复兴的伟大力量。

始终坚定作答"四个之问"的历史自信

面对世界之变、时代之变、历史之变，我们识势、谋势、顺势，以"四为四谋"答好"四个之问",彰显百年大党强烈的历史自信。100多年来,我们党致力于为中国人民谋幸福、为中华民族谋复兴,致力于为人类谋进步、为世界谋大同,一路披荆斩棘、栉风沐雨,依靠人民群众战胜了一切困难,引领中华民族迎来了从站起来、富起来到强起来的历史飞跃,铸就了伟大的奋斗精神、取得了伟大的历史成就,增强了实现中华民族伟大复兴前所未有的信心。

坚定历史自信因为有人民群众的力量支撑。自信是一种底气,与人民群众答不答应、拥不拥护、支不支持密切相关。习近平总书记反复强调,"人民是我们党执政的最大底气"。"心中装着百姓,手中握有真理,脚踏人间正道,我们信心十足、力量十足"。奋斗进程中,人民是永远的主角,是信心之源、力量之基。唯物史观认为,人民是历史的创造者。江山就是人民,人民就是江山。我们党始终发挥自身独特优势、牢牢把握推动历史前进的根本力量,始终代表人民的根本利益、始终同人民在一起,这是党立于不败之地的根本所在,是党不惧任何艰难险阻的底气所在。

坚定历史自信因为有中国精神的动力支撑。自信是一种精神力量,是一种意志和品格。"有自信自强的精神力量"是一个人、一个政党、一个民族保持进步、实现目标、获得尊严、孕育希望的力量所在。习近平总书记指出,"我们党在内忧外患中诞生、在历经磨难中成长、在攻坚克难中壮大,锤炼了不畏强敌、不惧风险、敢于斗争、敢于胜利的风骨和品质"。这是一种千锤百炼的奋斗精神,也是一种浩然正气的历史自信。100多年来,伟大的中国共产党在艰苦卓绝的斗争中形成了以伟大建党精神为源头的中国共产党人精神谱系。正是在伟大精神的鼓舞下，我们有效应对重大挑战、抵御重大风险、克服重大阻力、解决重大矛盾，战胜前进道路上的一切艰难险阻；正是在伟大精神的激荡下，我们干成了一系列惊天动地的伟大成就，积淀了坚定的历史自信。

坚定历史自信因为有伟大成就的现实支撑。中国共产党领导人民接续奋斗，推翻了帝国主义、封建主义、官僚资本主义的压迫，实现民族独立、人民解放，推进社会主义革命和建设，探索中国特色社会主义正确道路，开创中国特色社会主义新时代，取得了一系列举世瞩目的奋斗成就。《习近平谈治国理政》第四卷总结指出，100多年来，党领导人民浴血奋战、百折不挠，创造了新民主主义革命的伟大成就；自力更生、发愤图强，创造了社会主义革命和建设的伟大成就；解放思想、锐意进取，创造了改革开放和社会主义现代化建设的伟大成就；自信自强、守正创新，创造了新时代中国特色社会主义的伟大成就，推动物质文明、政治文明、精神文明、社会文明、生态文明协调发展，开辟了中国式现代化道路，创造了人类文明新形态……党团结带领人民从胜利走向胜利，用百年奋斗书写了中华民族几千年历史上最恢宏的史诗，增强了对实现中华民族伟大复兴的必胜信心。

以史为鉴、察往知来，任何国家和民族要实现国家富强和民族振兴，就必须在历史前进的逻辑中找准自己的方位，在时代发展的潮流中把握发展大势。如今，我们党经过了千锤百炼，愈加强大和成熟，我们的人民愈加精神奋发和团结，我们的制度愈加完善和健全。新征程上，继续保持"乱云飞渡仍从容"的历史定力，激昂"越是艰险越向前"的历史主动精神，我们有信心继续回答好中国之问、世界之问、人民之问、时代之问，继续书写好中国特色社会主义这篇大文章，为全面建设社会主义现代化国家、全面推进中华民族伟大复兴作出新的更大贡献！

（本文刊载于《思想政治工作研究》2022年第10期，执笔人：刘兴云、何雨蔚）

扎实走好群众路线　继续推进理论创新

习近平总书记在中共中央政治局第六次集体学习时提出，继续推进党的理论创新必须走好群众路线。这一重要论述，阐明了走好群众路线与推进理论创新之间的关系，从而为新征程上持续推进党的理论创新指明了方向、提供了根本遵循。走好群众路线是推进理论创新的动力和源泉。宣传思想工作者承担着研究、宣传阐释先进理论的重要职责，担负着推进理论创新、深化理论武装的重要使命，理应在走好群众路线中继续推进理论创新。

继续推进理论创新，就要站稳人民立场。唯物史观认为，人民是历史的创造者，不仅是物质财富的创造者，也是精神财富的创造者。人民性是马克思主义与生俱来的理论品格。马克思主义是人民的理论，是为人民立言、为人民代言的理论。马克思主义第一次站在人民的立场探求人类自由解放的道路，以科学的理论为最终建立一个没有压迫、没有剥削、人人平等、人人自由的理想社会指明了方向。人民立场是中国共产党的根本政治立场，为人民利益而奋斗是中国共产党始终不变的价值追求。习近平总书记提出"坚持以人民为中心""人民至上""江山就是人民，人民就是江山"等一系列重大思想观点，彰显了马克思主义坚定的人民立场。为此，继续推进理论创新，要把人民立场作为我们党理论创新的基本出发点，确保理论创新始终沿着正确方向前进。

继续推进理论创新，就要把握人民愿望。习近平总书记强调："好的方针政策和发展规划都应该顺应人民意愿、符合人民所思所盼，从群众中来、到群众中去。"中国共产党自成立之日起，就始终把为中国人民谋幸福、为中华民族谋复兴作为自己的初心使命，不论是干革命、搞建设，还是抓改革、谋发展，都是为了满足人民愿望，让人民过上幸福生活。进入新时代，我们党始终与人民风雨同舟、心心相印，想人民之所想、行人民之所嘱，不断把人民对美好生活的向往变为现实。人民生活全方位改善，人民群众获得感、幸福感、安全感更加充实、更有保障、更可持续，充分彰显习近平新时代中国特色社会主义思想是造福人民的理论。为此，继续推进理论创新，要把握人民意愿，聚焦人民所思所盼，着力让党的理论创新深入亿万人民心中。

继续推进理论创新，就要尊重人民创造。实践的主体是人民群众，离开人民群众的创造性实践，理论就会成为无源之水、无本之木。100多年来，我们党始终坚持以马克思主义为指导，深深植根人民群众，认真听取人民群众的呼声，善于总结人民群众的经验，把人民的创造性实践作为党的理论创新的不竭源泉，形成了马克思主义中国化时代化理论成果。进入新时代，习近平总书记深入地方考察调研，访农家、进企业，察民情、问良策，坚持从群众中来、到群众中去，形成了一批顺应人民意愿、符合人民所思所盼的好政策，受到人民群众爱戴。为此，继续推进理论创新，要尊重人民创造，从人民群众的创造中汲取理论创新智慧，不断提炼新的理论成果。

继续推进理论创新，就要集中人民智慧。《淮南子》云："乘众人之智，则无不任也；用众人之力，则无不胜也。"习近平总书记指出："只要我们始终坚持为了人民、依靠人民，尊重人民群众主体地位和首创精神，把人民群众中蕴藏着的智慧和力量充分激发出来，就一定能够不断创造出更多令人刮目相看的人间奇迹！"人民群众中蕴藏着治国理政、管党治党的智慧和力量。马克思主义中国化时代化成果，都是党和人民实践经验和集体智慧的结晶。为此，继续推进理论创新，要发挥人民群众的智慧，充分吸收人民群众的宝贵实践经验，为理论创新提供不竭的源泉。

只有扎根人民的理论，才会为人民所拥护；只有服务人民的理论，才会为人民所弘扬。新征程上，我们要站稳人民立场、把握人民愿望、尊重人民创造、集中人民智慧，让党的创新理论深入亿万人民心中，形成更多接地气、聚民智、顺民意、得民心的理论，不断谱写马克思主义中国化时代化新篇章。

（本文刊载于《思想政治工作研究》2023 年第 9 期，执笔人：孙强）

新时代　新要求

　　本篇共收录9篇文章。围绕思想政治工作的核心内容，诠释党性修养与思想建设在新时代的内在统一与实践路径，为读者在思想提升、品德修养、责任担当等方面提供丰富的精神食粮。

学思践悟行致远

——深刻理解"依靠学习走向未来"

学所以益才也，砺所以致刃也。中国共产党人依靠学习走到今天，也必然要依靠学习走向未来。2024年4月，中共中央办公厅印发《关于在全党开展党纪学习教育的通知》，全党上下学习党规党纪蔚然成风。

"我们党历来重视抓全党特别是领导干部的学习，这是推动党和人民事业发展的一条成功经验。"[①] 进入新时代，以习近平同志为核心的党中央把学习摆在更加突出的位置。中共中央政治局率先垂范，坚持集体学习制度，从2012年11月17日以来，先后组织近百次集体学习，为各级党组织和党员树立了学习榜样。

"在全党开展集中性学习教育，是我们党推进自我革命的重要途径，也是一条重要经验。"[②] 思想建党、理论强党是百年大党永葆生机活力的关键所在。党的十八大以来，党中央推动党内集中学习教育次第展开，始终坚持用马克思主义中国化时代化最新成果武装全党、指导实践、推动工作。

---

① 《习近平谈治国理政》，外文出版社2014年版，第401页。
② 习近平：《在党史学习教育动员大会上的讲话》，人民出版社2021年版，第10页。

作为世界上最大的马克思主义执政党，中国共产党拥有 9918.5 万名党员、517.6 万个基层党组织，在世界上人口最多的国家长期执政，这样一个百年大党要始终赢得人民拥护、巩固长期执政地位，必须时刻保持解决大党独有难题的清醒和坚定。

习近平总书记在二十届中央纪委二次全会上进一步用"六个如何始终"概括了"大党独有难题"，面对百年大党独有难题，面向新时代党的自我革命的伟大实践，必须坚持不懈用党的创新理论凝心铸魂，在学习中不断解决大党独有难题，使我们党始终充满蓬勃生机和旺盛活力。

一

党的事业伟大而艰巨、任重而道远，有人走着走着就忘记了为什么出发，忘记了共产主义远大理想和中国特色社会主义共同理想，忘记了我是谁、为了谁、依靠谁，从而丧失了共产党人的本色。如何始终不忘初心、牢记使命，是对共产党人能否始终坚守理想信念的叩问。

"我们党的初心和使命是建立在马克思主义科学理论基础之上的。"① 学习理论是共产党人涵养初心使命的有效途径。2019 年 6 月，中共中央政治局在全党自上而下分两批开展"不忘初心、牢记使命"主题教育。各级党组织和广大党员干部在学习实践习近平新时代中国

---

① 《习近平谈治国理政》第三卷，外文出版社 2020 年版，第 529 页。

特色社会主义思想中深化了对党的初心和使命的理论认识，增强了守初心、担使命的思想自觉和行动自觉。

2022年10月27日，党的二十大刚刚闭幕，习近平总书记就带领新当选的二十届中央政治局常委来到延安，倾听历史的回响，感悟老一辈共产党人的奋斗初心、光荣传统。党的十八大以来，习近平总书记多次带领其他中共中央政治局常委前往党的革命圣地、红色旧址瞻仰学习，宣示了党中央不忘初心、牢记使命，重整行装再出发的坚定决心，为全党同志树立了榜样。

知所从来，方明所去。不忘初心、牢记使命是加强党的建设的永恒课题和全体党员干部的终身课题，广大党员干部要以党的创新理论滋养初心、引领使命，从党的非凡历史中找寻初心、激励使命，在严肃党内政治生活中锤炼初心、体悟使命，把初心和使命变成锐意进取、开拓创新的精气神和埋头苦干、真抓实干的原动力。

二

中国共产党自成立以来就是用革命理想和铁的纪律组织起来的马克思主义政党，保证党的团结统一是党的生命，也是我们党能成为百年大党、创造世纪伟业的关键所在。如何始终统一思想、统一意志、统一行动，是事关党的团结统一、事关党和国家前途命运的重大问题。

"我们党始终高度重视理论武装，每逢重大历史关头，都要用党的创新理论统一全党思想，每次党内集中教育也都坚持把理论学习作为首要任务并贯穿始终，为全党团结统一奠定坚实思想基础。"①

在新民主主义革命时期，党中央以延安为中心开展了一次全党范围内的整风运动，以学习《整顿党的作风》等文件为主要内容，同时发表党员干部整风学习的总结和心得体会。党内的思想认识问题在不断的学习讨论中得以解决，全党达到空前的团结和统一。

进入新时代，我们比历史上任何时期都更接近中华民族伟大复兴的目标，越是推进伟大的事业，越需要统一思想；越是完成艰巨的任务，越需要凝聚共识。

党的十八大以来，习近平总书记多次强调理论学习对于全党始终保持团结统一的重要性。"怎么实现全党思想、意志、行动的统一？最根本的就是用党的基本理论武装全党。""全面加强党的思想建设，坚持用新时代中国特色社会主义思想统一思想、统一意志、统一行动。"

习近平总书记的重要论述明确了理论学习、党的思想建设与党的自我革命的密切关联。我们要持续加强党的思想建设，深刻领悟"两个确立"的决定性意义，坚决做到"两个维护"，以学习马克思主义中国化时代化最新成果确保全党全国思想统一、步调一致，凝聚成把党和国家事业推向前进的强大合力。

---

① 习近平:《在学习贯彻习近平新时代中国特色社会主义思想主题教育工作会议上的讲话》，人民出版社 2023 年版，第 2 页。

三

新时代以来，党和国家事业取得历史性成就、发生历史性变革，体现了我们党的强大执政能力和领导水平。如何始终具备强大的执政能力和领导水平，我们可以从党的百年奋斗历程中寻找答案。

"在每一个重大转折时期，面对新形势新任务，我们党总是号召全党同志加强学习；而每次这样的学习热潮，都能推动党和人民事业实现大发展大进步。"①

随着新民主主义革命在全国的胜利，党的工作中心由农村转移到城市，毛泽东同志在《论人民民主专政》中向全党宣告："严重的经济建设任务摆在我们面前"，"我们必须克服困难，我们必须学会自己不懂的东西。"新中国成立之后，党中央要求广大党员干部特别是领导干部必须用极大的努力去学习生产的技术和管理生产的方法，以应对城市建设和管理中的种种挑战。

改革开放伊始，邓小平同志号召大家解放思想，研究新情况，解决新问题，随着社会主义现代化建设的不断深入，他反复强调："实现四个现代化是一场深刻的伟大的革命。在这场伟大的革命中，我们是在不断地解决新的矛盾中前进的。因此，全党同志一定要善于学习，善于重新学习。"

当今，科学技术和经济社会发展日新月异，知识更新的速度超过历史上任何时期。"如果我们不努力提高各方面的知识素养，不自觉

① 《习近平谈治国理政》，外文出版社2014年版，第401页。

学习各种科学文化知识，不主动加快知识更新、优化知识结构、拓宽眼界和视野，那就难以增强本领，也就没有办法赢得主动、赢得优势、赢得未来。"①

历史与实践证明，我们党领导人民进行革命、建设和改革的过程中与时俱进学习执政本领、提高领导水平，保证了党每一个重大转折时期都能够正确把握前进的航向，不断化解前进道路上的困难与挑战，领导中国特色社会主义建设事业取得一个又一个伟大成就。新征程上，也必将依靠持续学习增强执政本领，在推进强国建设、民族复兴伟业中继续创造新的奇迹。

四

执政几十年承平日久，许多党员干部缺乏严峻斗争和艰苦环境的磨砺，难免在安逸享乐中意志消沉。推进中国式现代化建设的道路上从来不会是一片坦途，新征程上我们面临的国际环境、需要应对的风险和挑战比以往更加错综复杂，要求我们党解决好"如何始终保持干事创业精神状态"的难题，提振艰苦奋斗、奋发有为的精气神，永葆革命精神和革命斗志。

学史增信，从党的百年奋斗史中感悟信仰力量。2021年2月，习近平总书记在党史学习教育动员大会上的讲话中指出："我们党历来重视党史学习教育，注重用党的奋斗历程和伟大成就鼓舞斗志、明

---

① 《习近平谈治国理政》，外文出版社2014年版，第403页。

确方向，用党的光荣传统和优良作风坚定信念、凝聚力量，用党的实践创造和历史经验启迪智慧、砥砺品格。"党的百年奋斗历程中，一代又一代中国共产党人顽强拼搏、不懈奋斗，构建起以伟大建党精神为源头的中国共产党人精神谱系，党史学习可以从中汲取砥砺前行的精神力量。

以学促干，在党的创新理论学习中鼓足干事劲头。2023年，习近平总书记在江苏考察时强调："各级党组织要教育引导党员、干部落实'重实践'要求，坚持学思用贯通、知信行统一，匡正干的导向，增强干的动力，形成干的合力，在以学促干上取得实实在在的成效。"全党深入开展学习贯彻习近平新时代中国特色社会主义思想主题教育，各部门各单位围绕破解瓶颈制约、防范化解风险、提升发展质效，全面梳理制定攻坚措施、细化攻坚方案，广大党员干部的学习成果转化成为干事创业的强大动力。

关山万里路，践履作雄行。我们要在党的百年历史学习中激发砥砺奋进的精神动力，从党的创新理论学习中汲取干事创业的智慧力量，牢记"三个务必"，胸怀"国之大者"，以坚定的历史自信、强烈的历史主动走好新时代新的赶考之路。

五

敢于直面问题、勇于修正错误是我们党的显著特点和优势，也是历次党内集中教育取得实效的关键所在。我们党的伟大不在于不犯错误，而在于从不讳疾忌医，敢于直面问题，勇于自我革命，具有极强的自我修复能力。在新时代高歌行进的壮阔征程中，更需要我们时刻保持忧患意识，解决好"如何始终能够及时发现和解决自身存在的问题"。

"'两学一做'学习教育，基础在学，关键在做。要突出问题导向，学要带着问题学，做要针对问题改。"①"坚持边学习、边对照、边检视、边整改，把问题整改贯穿主题教育始终，让人民群众切实感受到解决问题的实际成效。"②……每一次的党内集中教育，都坚持问题导向，将查摆问题、检视整改看作落实学习教育的重要举措。

2023年3月，中共中央办公厅印发的《关于在全党大兴调查研究的工作方案》提出，要"自觉向群众学习、向实践学习，从人民的创造性实践中获得正确认识"。各地区各部门各单位组织党员干部按照工作方案扑下身子、沉到一线，既在调研中发现了问题症结、又在调研中找到了解决问题的"钥匙"。

当前，我国发展进入战略机遇和风险挑战并存、不确定难预料因素增多的时期，要时刻保持"进京赶考"的清醒。以问题引领学习，以学习解决问题，在党的历史映照中发现问题，在管党治党实践中发现问题，在总结经验教训中发现问题，在群众切身感受中发现问题，牢牢掌握应对风险挑战的战略主动，推动党和国家事业不断向前发展。

---

① 《习近平谈治国理政》第二卷，外文出版社2017年版，第173页。
② 习近平：《在学习贯彻习近平新时代中国特色社会主义思想主题教育工作会议上的讲话》，人民出版社2023年版，第15页。

六

在长期执政条件下，各种弱化党的先进性、损害党的纯洁性的因素无时不有，各种违背初心和使命、动摇党的根基的危险无处不在。如何始终保持风清气正的政治生态，也是需要我们认真思考解答的重大课题。

"深入推进党风廉政建设和反腐败斗争，需要坚持发扬我们党在反腐倡廉建设长期实践中积累的成功经验，需要积极借鉴世界各国反腐倡廉的有益做法，也需要积极借鉴我国历史上反腐倡廉的宝贵遗产。"①提高党的领导水平和执政水平、提高拒腐防变和抵御风险能力，要在历史学习中汲取经验。

"明制度于前，重威刑于后。"学习党规党纪是党的纪律严明的前提。"我们出台的党内法规，从党章到各方面的法规，要执行好首先就要学习好，要学习好就要有必要的时间，让党员干部特别是各级领导干部把党内法规学习好、理解好，把党内法规执行好。"②

党纪学习教育是加强党的纪律建设、推动全面从严治党向纵深发展的重要举措。党纪学习教育开展以来，各地各部门深刻认识其重大意义，压实领导责任，抓住学习重点，确保取得扎实成效。广大党员干部深入学习领会习近平总书记关于全面加强党的纪律建设的重要论述，原原本本学习《中国共产党纪律处分条例》，不断增强纪律观念、

---

① 《习近平谈治国理政》，外文出版社 2014 年版，第 390 页。

② 中共中央党史和文献研究院编：《习近平关于依规治党论述摘编》，中央文献出版社 2022 年版，第 166 页。

强化纪律自觉，把遵规守纪刻印在心。

"成其身而天下成，治其身而天下治。"广大党员干部自觉学纪、准确知纪、心中明纪、严格守纪，方能清清白白做人、干干净净做事。在铁的纪律保证下，我们党必将更加团结成一块"坚硬的钢铁"，带领人民赢得更加伟大的胜利和荣光。

七

2024 年 6 月，习近平总书记在中共中央政治局第十五次集体学习时指出："坚持经常性教育和集中性教育、理论武装和实践运用、强党性和增本领相结合，健全落实以学铸魂、以学增智、以学正风、以学促干长效机制。"当前，国际国内形势的变化发展，不但要求继续保持和发扬党的这一优良传统，而且还要把全党的学习提升到一个新的高度。

"正确把握学习的方向。"习近平总书记指出："忽视了马克思主义所指引的方向，学习就容易陷入盲目状态甚至误入歧途，就容易在错综复杂的形势中无所适从，就难以抵御各种错误思潮。"

2024 年初，纪录片《持续发力纵深推进》热播，片中有这样一个镜头，原应急管理部消防救援局党委委员、副局长张福生在忏悔录里写道："我年轻时就没有立下崇高的理想，只想着读书能成为我改变命运的'敲门砖'。"忏悔之言，令人唏嘘。

学者须先立志，崇高的理想信念是指引读书学习的灯塔。要在学习中坚定信仰信念，解决好世界观、人生观、价值观这个"总开关"

问题，做到学有所得、思有所悟。

"我们的学习应该是全面的、系统的、富有探索精神的。"党员干部既要抓住学习重点，也要注意拓展学习领域；既要向书本学习，也要向实践学习；既要向人民群众学习，向专家学者学习，也要向国外有益经验学习；既要注重理论知识的学习，也要注重实践知识的学习。

"穷理者欲知事物之所以然与其所当然者而已。"学习既要有立志读尽人间书的意志，又需有打破砂锅问到底的精神。如果只是泛泛知道其中一些概念和要求，而不注重构建与之相适应的知识体系，就会陷入知其然不知其所以然的境地。

尤其是对党的创新理论的学习，对各领域提出的新理念、新思想、新战略，对各方面工作提出的具体要求，要放在整个科学体系中来认识和把握，既要全面系统地学习掌握这些主要内容，又要整体把握这一思想的科学体系，不能只见树木、不见森林。

"发扬理论联系实际的马克思主义学风。"生动的学习必然是与实践相结合的。2006年，时任浙江省委书记的习近平同志在《多读书　修政德》中论述了学习与实践的关系："读书客观上是一个去粗取精、去伪存真的过程，必须联系实际、知行合一，通过理论的指导，利用知识的积累，来洞察客观事物发展的规律。"读书既需苦学，也要善读，与实践相结合的学习，往往能起到事半功倍的效果。

为学之实，固在践履。"我们党的历史反复证明，什么时候理论联系实际坚持得好，党和人民事业就能够不断取得胜利。"①"学习的

---

① 中共中央党史和文献研究院编：《习近平关于社会主义精神文明建设论述摘编》，中央文献出版社2022年版，第58页。

目的全在于运用。领导干部加强学习，根本目的是增强工作本领、提高解决实际问题的水平。"①

习近平总书记反复强调要将学习联系实际，让实践来检验学习的成果，为我们发扬马克思主义学风指明了方向。

往昔已展千重锦，明朝更进百尺竿。在社会发展日新月异、知识更新频率加快的今天，党员干部要在笃信好学中汲取不懈奋斗的源泉动力、增强学思践悟的政治智慧、筑牢拒腐防变的堤坝防线，进而更有底气、更有自信、更有智慧地在全面推进中国式现代化的道路上阔步前行。

（本文刊载于《思想政治工作研究》2024 年第 8 期，执笔人：张德莹隆）

---

① 《习近平谈治国理政》，外文出版社 2014 年版，第 406 页。

久久为功把"金色名片"擦得更亮

重视作风建设历来是党的优良传统和政治优势。辽沈战役期间，锦州乡间的苹果熟了，行军路过的解放军战士虽然饥渴难耐却秋毫无犯，赢得了老百姓送上的"仁义之师"锦旗。革命战争年代"三大纪律八项注意"铸就钢铁之师，新时代中央八项规定重塑政治生态。自2012年贯彻落实中央八项规定精神以来，有效刹住了一些歪风、纠治了一些痼疾，党的作风建设成为新时代党的建设的"金色名片"。

作风问题具有极强的顽固性和反复性，必须常抓不懈，确保作风建设永远在路上。2025年3月，中共中央办公厅印发《关于在全党开展深入贯彻中央八项规定精神学习教育的通知》，此次学习教育既是党在新时代徙木立信的庄严宣示，更是向纵深推进自我革命的再动员。我们当以此为契机，真抓实干、久久为功，持续擦亮党的作风建设"金色名片"。

善进者，先禁其身而后人。领导干部作为"关键少数"，其行为具有强大示范效应，一举一动备受关注。在河北阜平吃"四菜一汤"，在四川芦山住临时板房，在丽江古城轻车简从……习近平总书记以身教作示范，为全党树立起加强作风建设的光辉榜样。改进作风必须自上而下，以上率下。要推动各级领导干部以身作则、率先垂范，带头修好共产党人的"心学"，纠治"四风"，一体推进学查改，持续推动全面从严治党向基层延伸。要形成"头雁效应"，勇于正视并积极整改自身问题，在精简文件简报、规范出访活动、厉行勤俭节约等方面主动作为，带动广大党员干部投身作风建设，对隐形变异新动向时刻防范，对享乐奢靡歪风露头就打，做到"做事"不"作秀"，确保踏石留印、取信于民。

心系群众鱼得水，背离群众树断根。回望历史，唐太宗去奢省费、轻徭薄赋成就贞观盛世，隋炀帝滥用民力、穷兵黩武致山河崩解。民心向背，决定兴亡。人民永远是执政者最坚实的靠山。党的百年征程，是一部与人民同呼吸、共命运的奋斗史。从"半条被子"的温暖到脱贫攻坚的壮举，从抗疫一线的逆行到防汛前沿的坚守，每一步都镌刻着鱼水深情。2024 年 94.9% 的群众满意度，是对贯彻落实中央八项规定精神十余年成效的褒奖，更是新时代党群连心的生动注脚。作风建设再出发，当持续扣紧党同人民群众血肉联系这个关键，"把屁股端端地坐在老百姓这一面"，走到火热一线去，从"牢骚话""家常话"中找到真问题、获得真办法，拔除"软钉子"、清除"拦路虎"，让作风建设成效为老百姓可感可及。要坚持开门教育，用群众听得懂、记得住的语言讲解中央八项规定精神，畅通监督渠道，营造群众"放心说"的参与氛围。

逆水行舟用力撑，一篙松劲退千寻。作风建设是攻坚战、持久战，形成优良作风不可能一劳永逸，克服不良作风也不可能一蹴而就。"一向过着朴素的生活，从没有奢侈过"的方志敏，"任何时候都不搞特殊化"的焦裕禄，"不搞'形象'工程，务实推进脱贫"的黄文秀……一代代共产党人以行动诠释着这场持久战的永恒价值。要加强思想政治教育，树立清正廉洁典范，深化警示教育，让"红脸出汗"成为常态、"刮骨疗伤"形成震慑，引导党员干部以先进为镜、以反面为戒，在对照检视中勤掸"思想尘"、多思"贪欲害"、常破"心中贼"，一体推进不敢腐、不能腐、不想腐。中央八项规定不是五年、十年的"阶段性任务"，而是中国共产党人永葆初心使命的"终身课题"。要发扬钉钉子精神，建立长效机制，将中央八项规定作为长期有效的铁规矩、硬杠杠，让"严"的基调融入日常，防止"一阵风""走过场"，直至化风为俗，形成常态。

千帆竞发正当时，作风建设启新程。让我们擦亮党的作风建设"金色名片"，以优良党风政风引领社风民风持续向好，让党的事业在新时代的浪潮里行稳致远。

（本文刊载于《思想政治工作研究》2025 年第 5 期，

执笔人：申兆琳）

以好家风涵养社会好风气

2025 年春节档电影里，《哪吒之魔童闹海》成为热门影片，引发广泛关注。

《哪吒之魔童闹海》靠什么赢得观众的心？早在 2019 年夏天，《哪吒之魔童降世》热映时，中纪委就曾发文点评，"李靖夫妇，经典的好人"，"不过他们家最厉害的还是家风，把哪吒这棵歪草，硬是吹到了正道上"。到了 2025 年的《哪吒之魔童闹海》，主角哪吒从魔童成长为英雄依然离不开父母的悉心呵护和教导，让我们切身感受到好家风的重要性。

家风影响社会风气，社会风气反作用于家风建设。败坏的家风不仅会破坏个人的成长、家庭的幸福，还可能对社会造成负面影响。良善的家风滋养良好品行，社会必然呈现出和谐有序、充满正能量的景象。当社会充满正能量，积极向上的氛围就会促使更多家庭注重家风培养，形成良性循环。

习近平总书记高度重视家风建设，指出："广大家庭都要弘扬优良家风，以千千万万家庭的好家风支撑起全社会的好风气。"这为我们做好家庭工作指明了前进方向、提供了根本遵循。

弘扬优良家风，要继承和弘扬中华优秀传统文化。"诸葛亮诫子格言、颜氏家训、朱子家训等，都是在倡导一种家风。"①中华民族历来重视家庭。传统家庭美德是中华优秀传统文化的重要组成部分，是新时代家风建设的重要源泉。从"修身、齐家、治国、平天下"到"天下兴亡，匹夫有责"，从"士不可以不弘毅，任重而道远"到"古之立大事者，不惟有超世之才，亦必有坚忍不拔之志"，这些家训格言潜移默化地影响着人们的思想和行为，指引着后人成长成才。弘扬优良家风，应继承和弘扬中华优秀传统文化，从传统家风家训家规中汲取精华，结合新的实践和时代要求推动其创造性转化、创新性发展，把优秀传统文化作为弘扬清风正气、抵制歪风邪气、支撑社会好风气的重要基点。

弘扬优良家风，要继承和弘扬革命前辈的红色家风。"毛泽东、周恩来、朱德同志等老一辈革命家都高度重视家风。我看了很多革命烈士留给子女的遗言，谆谆嘱托，殷殷希望，十分感人。"②红色家风是革命文化的重要组成部分，是我们党永不褪色的传家宝，为新时代家风建设提供了丰富的精神滋养。毛泽东同志要求子女树立平民思想，始终恪守亲情"三原则"：恋亲不为亲徇私，念旧不为旧谋利，济亲不为亲撑腰；周恩来同志专门制定"十条家规"严格要求亲属；朱德同志跟家人"约法三章"，教育子女"接班不要接官"；陈云同志给家人订下"三不准"，要求家人以普通劳动者自居、不搞特殊化。弘扬优良家风，应继承和弘扬老一辈革命家忠党爱国、廉洁自律、艰苦奋斗的红色家风，恪守公共道德规范，为家庭谋幸福、为他人送温

① 《习近平著作选读》第一卷，人民出版社 2023 年版，第 546 页。
② 《习近平著作选读》第一卷，人民出版社 2023 年版，第 546—547 页。

暖、为社会作贡献。

弘扬优良家风，要做践行社会主义核心价值观的表率。"各级领导干部要保持高尚道德情操和健康生活情趣……要为全社会做表率。"①家风建设说到底是人的思想建设、灵魂建设。家风建设中以和为贵、自强不息、诚实守信等价值理念是社会主义核心价值观在现实生活中的直观体现。弘扬优良家风，应积极践行社会主义核心价值观，党员干部特别是领导干部要在带头践行社会主义核心价值观中加强党性修养和道德建设，立政德、明大德、严公德、守私德，重品行、正操守、养心性。要注重涵养家风，明礼诚信、怀德自重，积极弘扬向上向善的家庭美德，培育家庭成员高尚的道德情操和健全的人格品质，带头艰苦、不搞特殊，清白持家、简朴本分、为民奉献。

"积善之家，必有余庆；积不善之家，必有余殃。"让我们从"家"出发，在传家风、立家训中铸牢责任意识、担当精神，在正家风、齐家规中砥砺道德追求、理想抱负，以好家风涵养社会好风气，推动形成爱国爱家、相亲相爱、向上向善、共建共享的社会主义家庭文明新风尚。

（本文刊载于《思想政治工作研究》2025年第3期，执笔人：闫宏伟）

---

① 《习近平著作选读》第一卷，人民出版社2023年版，第547页。

固本培元夯基础　凝心铸魂向未来

学之愈深，知之愈明，行之愈笃。

习近平总书记在主持中共中央政治局第十五次集体学习时，从五个方面对进一步健全全面从严治党体系作出系统部署，强调："要健全固本培元、凝心铸魂的教育体系""贯彻落实新时代党的建设总要求"，把党建设得更加坚强有力。

中国共产党人依靠学习走到今天，也必然依靠学习走向未来。党的十八大以来，以习近平同志为核心的党中央直面新形势新任务新挑战，坚持用党的创新理论统一思想、统一意志、统一行动，教育引导广大党员、干部牢记党的性质宗旨、初心使命，固本培元夯实思想基础，凝心铸魂坚定理想信念，引领新时代党的建设新的伟大工程不断开创新局面。

伟大的时代呼唤伟大的理论，伟大的理论引领伟大的事业。我们党从诞生之日起，就把马克思主义镌刻在党的旗帜上。从古田会议确立思想建党的原则，延安整风运动解决党的思想认识问题；到党的十一届三中全会以后成功开创、坚持、发展中国特色社会主义；再到党的十九大提出"思想建设是党的基础性建设"，再到党的二十大提出用党的创新理论武装全党是党的思想建设的根本任务，悠悠百年，我们党在领导中国革命、建设、改革的实践中，始终将思想建设作为党的基础性建设，将思想建党、理论强党作为重要建党原则。新时代新征程，面对新的复杂情况，我们只有坚持学习教育，才能彰显党的创新理论的真理力量和实践伟力；只有强化理论武装，才能始终保持正确的前进方向；只有抓好思想建设，才能把我们党建设好、建设强。

理论创新每前进一步，学习教育就要跟进一步。中国共产党是一个敢于创造、善于创新的政党。从毛泽东思想、邓小平理论、"三个代表"重要思想、科学发展观，到习近平新时代中国特色社会主义思想，中国共产党人始终坚持把马克思主义基本原理同中国具体实际相结合、同中华优秀传统文化相结合，从实际情况出发，形成新的指导思想。新时代，以习近平同志为核心的党中央，坚持将开展集中学习教育作为加强理论武装的重要抓手和成功经验，先后开展党的群众路线教育实践活动、"三严三实"专题教育、"两学一做"学习教育、"不忘初心、牢记使命"主题教育、党史学习教育、学习贯彻习近平新时代中国特色社会主义思想主题教育、党纪学习教育等，全党思想水平明显提高，理想信念不断坚定；党员干部的政治判断力、政治领悟力、政治执行力持续提升；以学铸魂、以学增智、以学正风、以学促干长效机制逐步健全。

学习教育是一项长期任务，贵在坚持、重在长效。心有所信，方能行远。伟大事业总是在不断学习中腾飞，壮丽篇章总是在久久为功中续写。党纪学习教育开展以来，全党坚持抓理论学习不放松，持续推动理论武装走深走实，各地强化组织领导，精心统筹谋划，广大党员自觉学懂弄通做实，不断筑牢信仰之基、补足精神之钙、把稳思想之舵。理论的价值在于实践，学习的目的在于运用。推动学习教育长效化关键在于把学习成效转化为政治定力、工作动力、履职能力。习近平新时代中国特色社会主义思想是改造主观世界和客观世界的强大思想武器，我们要坚持学思用贯通、知信行统一，大力弘扬理论联系实际的优良学风，把研究解决问题作为学习教育的着眼点，在工作中不断创造新气象、展现新作为。学习教育既不能一蹴而就，也不会一劳永逸。我们要以这次党纪学习教育为契机，引导党员干部把增强党性、严守纪律、砥砺作风贯通起来，融入日常、化为习惯。

胸怀千秋伟业，恰逢伟大时代，新征程上，中国共产党健全固本培元、凝心铸魂的教育体系，全国人民聚真理之光、汇行动之力，必将创造更加美好的明天。

（本文刊载于《思想政治工作研究》2024 年第 8 期，执笔人：祁琪）

党纪学习教育要把握"三个坚持"

"欲知平直，则必准绳；欲知方圆，则必规矩。"

加强纪律建设是全面从严治党的治本之策。党的十八大以来，党中央高度重视党风廉政建设、党纪学习教育，习近平总书记多次就开展党纪学习教育发表重要讲话、作出重要指示，为开展党纪学习教育提供了重要遵循。经党中央同意，自 2024 年 4 月至 7 月在全党开展党纪学习教育。

这次党纪学习教育，是加强党的纪律建设、推动全面从严治党向纵深发展的重要举措，对于教育引导党员干部学纪、知纪、明纪、守纪，搞清楚党的纪律规矩是什么，弄明白能干什么、不能干什么，进一步强化纪律意识、加强自我约束、提高免疫能力，增强政治定力、纪律定力、道德定力、抵腐定力，始终做到忠诚干净担当，具有十分重要的意义。党员干部要自觉对标党纪学习教育的目标要求，将党纪学习教育落到实处。

坚持有的放矢，抓住学习重点。这次党纪学习教育是一项重要的政治任务，党员干部要在学习习近平新时代中国特色社会主义思想上下功夫，认真领会习近平总书记关于党的纪律建设的重要思想，抓好《中国共产党纪律处分条例》的学习。要联系实际学。用党规党纪校正思想和行动，不仅要逐章逐条学，还要坚持以案促学、以训助学，从身边事身边人中汲取经验教训，真正受警醒、明底线、知敬畏。要带着问题学。坚持问题导向和目标导向相结合，靶向施策精准发力，重点学习党内规章制度，时刻提示廉政风险责任，让党规党纪真正入脑入心。要深入细致学。切实增强思想自觉，在学懂弄通做实上下深功夫、苦功夫，进一步明确日常言行的衡量标尺，让学习有重点、见深度。

坚持良好作风，端正学习态度。我们党是靠革命理想和铁的纪律组织起来的马克思主义政党，纪律严明是党的光荣传统和独特优势。党纪学习教育是党员干部进一步增强纪律意识、提高党性修养的必修课，党员干部要以更高的标准、更严的要求上好这堂课，日日相继、久久为功，勤掸"思想尘"、多思"贪欲害"、常破"心中贼"，不断提升政治境界、思想境界、道德境界，始终保持共产党人的政治本色。这次学习不能走过场，要力戒形式主义，摒弃那种"学习一阵风、为完成任务而学、学习一刀切"式的学习，对于只停留在机械学习上，满足听听会、记记笔记的党员干部，要对他们多咬耳朵扯袖子，加强宣传引导，促使他们以良好作风将理论学习转化为实际行动。

坚持以学促干，提升学习效果。全党开展党纪学习教育，要充分巩固拓展学习贯彻习近平新时代中国特色社会主义思想主题教育成果，始终坚持学思用贯通、知信行统一，推动党员干部主动接受党纪教育锻造洗礼，保持干事创业精气神，实现以学促干，形成推进中国式现代化的强大合力。要坚持两手抓两促进，迎难而上、敢于斗争，形成狠抓落实的好局面，把开展好党纪学习教育同落实党中央重大决策部署、完成本地区本部门本单位重点工作紧密结合起来，注重理论联系实际、提升学习效果，防止出现"两张皮"现象，推动党纪学习教育走深走实。

心中有规矩，行为定方圆。习近平总书记多次强调："各级领导干部特别是高级干部要牢固树立纪律和规矩意识，在守纪律、讲规矩上作表率。"遵规守纪、从严律己是我们党的优良传统，各级领导干部要在先学一步、学深一点上勇担当、作表率，党员干部要以此次党纪学习教育为契机，把守纪律讲规矩摆在更加重要的位置，牢固树立正确的权力观、政绩观、事业观，高质量完成党纪学习教育任务。

（本文刊载于《思想政治工作研究》2024年第5期，
执笔人：苏鸿雁）

做堪当时代重任的接班人

"育才造士，为国之本。"

党的十八大以来，习近平总书记站在党和人民事业长远发展的战略高度，对广大干部特别是年轻干部提出一系列明确要求。总书记的谆谆教导饱含着对年轻干部的殷切期望，为年轻干部健康成长指明了努力方向。

做党的创新理论的笃信笃行者。理论上的成熟是政治上成熟的基础，政治上的坚定源于理论上的清醒。学之愈深，知之愈明，行之愈笃。笃学而信，从渐悟走向顿悟，始终坚定共产主义远大理想和中国特色社会主义共同理想。笃信而行，学思用贯通、知信行统一，才能把学习成效转化为推动事业发展的生动实践。年轻干部要坚持不懈用习近平新时代中国特色社会主义思想凝心铸魂，用心感悟真理力量和实践伟力，不断筑牢信仰之基、补足精神之钙、把稳思想之舵，自觉做党的创新理论的坚定信仰者、忠实实践者。

做对党忠诚老实的模范践行者。对党忠诚，是共产党人首要的政治品质。对党忠诚，必须一心一意、一以贯之，必须表里如一、知行合一，任何时候任何情况下都不改其心、不移其志、不毁其节。"心有大我、至诚报国"的黄大年，"为一句嘱托许下一生"的于敏，"卫国戍边英雄团长"祁发宝……一名名优秀共产党员前仆后继，熔铸成中华人民共和国最鲜亮的底色。年轻干部要始终以党的旗帜为旗帜、以党的意志为意志、以党的使命为使命，以先辈先烈为镜、以反面典型为戒，襟怀坦白、表里如一，以坚定的理想信念砥砺对党的赤诚忠心。

做矢志为民造福的无私奉献者。为民造福是最大的政绩。只有把人民当靠山、将人民当力量，一个国家和民族才能真正"知所从来，思所将往"。中国共产党的根基在人民、血脉在人民，所做的一切工作都是为了让人民过上好日子。无论是用生命践行"忠诚、干净、担当"的好干部廖俊波，还是把美好青春奉献给脱贫一线的年轻干部黄文秀，他们的事迹无不激励着年轻干部与时代同步伐、与人民共命运，把自己的小我融入祖国和人民的大我之中，扑下身子、沉到一线、无私奉献，用心用情用力解决好群众急难愁盼问题，让群众有更多、更直接、更实在的获得感、幸福感、安全感。

做勇于担当作为的不懈奋斗者。习近平总书记强调，有多大担当才能干多大事业，尽多大责任才能取得多大成就。无私者无畏，无畏者才能担当、才能斗争。我们肩负使命任务的艰巨性、面对风险挑战的严峻性、进行伟大斗争形势的复杂性都是前所未有的。"士不可以不弘毅，任重而道远。"年轻干部要发扬历史主动精神，挺起脊梁、冲锋在前，愿挑最重的担子、能啃最硬的骨头、善接烫手的山芋，在机遇面前主动出击，不犹豫、不观望；在困难面前迎难而上，不推诿、不逃避；在风险面前积极应对，不畏缩、不躲闪，经风雨、见世面，以奋发有为、不懈奋斗的勃发英姿开新局谱新篇。

做良好政治生态的有力促进者。"自然生态要山清水秀，政治生态也要山清水秀。"① 只有切实解决好世界观、人生观、价值观这个"总开关"问题，时刻绷紧纪法规矩这根弦，保持反躬自省的自觉、如临如履的谨慎、严管严治的担当，才能永葆共产党人清正廉洁的政治本色。年轻干部要发扬彻底的自我革命精神，节俭朴素、谦逊低调，培育积极健康的生活情趣，坚决反对形式主义、官僚主义，坚决抵制享乐主义、奢靡之风，倡导向上向善的政治文化，自觉做良好政治生态的支持者、促进者、守护者。

奋斗未有穷期，行者永无止步。年轻干部生逢其时、重任在肩。让我们牢记初心使命、不负党和人民嘱托，许党报国、为民奉献，奋力跑好历史的接力棒，为推进强国建设、民族复兴伟业作出新的贡献！

（本文刊载于《思想政治工作研究》2024 年第 4 期，执笔人：颜学静）

---

① 《习近平总书记同出席全国两会人大代表、政协委员共商国是纪实》，《人民日报》2015 年 3 月 15 日。

牢牢把握主题教育总要求

在学习贯彻习近平新时代中国特色社会主义思想主题教育工作会议上，习近平总书记指出，"这次主题教育要牢牢把握'学思想、强党性、重实践、建新功'的总要求"。总要求体现了我们党认识与实践相结合、理论与实际相联系、改造主观世界与改造客观世界相统一的一贯要求。当前，主题教育的热潮正全面兴起，我们唯有深刻领会、深入把握这一总要求，将其贯穿到主题教育的全过程，方能取得实实在在的成效，不断开创事业发展新局面。

学思想，凝心铸魂筑牢根本。坚持思想建党、理论强党，是中国共产党的优良传统和独特优势。中国共产党的历史，是一部波澜壮阔的思想理论武装史，每逢重大历史关头，我们党都要用党的创新理论统一全党思想，保证党的团结统一、步调一致。习近平新时代中国特色社会主义思想是当代中国马克思主义、21 世纪马克思主义，是新时代中国共产党的思想旗帜。学思想，就要克服学风不纯不正、学习不走心不深入不系统等理论学习方面的突出问题，坚持读原著学原文悟原理，坚持多思多想、学深悟透，大力弘扬马克思主义学风，全面学习领会习近平新时代中国特色社会主义思想的科学体系、核心要义、实践要求，把握好这一思想的世界观、方法论，坚持好、运用好贯穿其中的立场观点方法，不断增进对党的创新理论的政治认同、思想认同、理论认同、情感认同，真正把马克思主义看家本领学到手。

强党性，锤炼品格强化忠诚。"种树者必培其根，种德者必养其心。"党性是党员干部立身、立业、立言、立德的基石。习近平总书记指出，"讲政治最根本就是要讲党性"，"我常说要修炼共产党人的'心学'，坚持学思用贯通、知信行统一，其中一个重要目的就是要求党员干部坚定理想信念、增强党性"。政治上的坚定、党性上的坚定，都离不开理论上的坚定。习近平新时代中国特色社会主义思想不仅包含着党治国理政的重大理论和方略，也贯穿着中国共产党人的政治品格、价值追求、精神境界、作风操守的要求。强党性，就要自觉用习近平新时代中国特色社会主义思想改造主观世界，深刻领悟"两个确立"的决定性意义，提升思想境界、加强党性锻炼，筑牢理想信念的政治灵魂、坚守清正廉洁的政治本色，始终忠诚于党、忠诚于人民、忠诚于马克思主义。

重实践，实干担当促进发展。空谈误国，实干兴邦。一分部署，九分落实。"要抓实、再抓实，不抓实，再好的蓝图只能是一纸空文，再近的目标只能是镜花水月。"习近平新时代中国特色社会主义思想具有鲜明的实践品格，富有强大的实践伟力，学习这一思想的目的全在于运用。当前，改革发展稳定任务之重、矛盾风险挑战之多、治国理政考验之大都前所未有。重实践，就要把习近平新时代中国特色社会主义思想转化为改造客观世界、推动事业发展的强大思想武器，紧紧围绕高质量发展这个全面建设社会主义现代化国家的首要任务，突出实践导向，积极识变应变求变，以"时时放心不下"的责任感、积极担当作为的精气神，真抓实干、务求实效，切实解决经济社会发展和党的建设中存在的各种矛盾问题，防范化解重大风险，推动中国式现代化取得新进展新突破。

建新功，践行宗旨为民造福。新时代以来党和国家事业取得的历史性成就、发生的历史性变革，最根本在于有习近平总书记掌舵领航，有习近平新时代中国特色社会主义思想科学指引。实践充分证明，学习贯彻习近平新时代中国特色社会主义思想是新时代新征程开创事业发展新局面的根本要求。建新功，就要从习近平新时代中国特色社会主义思想中汲取奋发进取的智慧和力量，不断提高运用习近平新时代中国特色社会主义思想分析和解决实际问题的能力和水平，自觉问计于民、问需于民，不断增进民生福祉，努力创造经得起历史和人民检验的实绩。

旗帜指引方向，目标凝聚力量。新征程上，我们要牢牢把握这次主题教育的总要求，在推进中国式现代化的伟大实践中，把习近平新时代中国特色社会主义思想转化为坚定理想、锤炼党性和指导实践、推动工作的强大力量，奋力开创新时代高质量发展新局面。

（本文刊载于《思想政治工作研究》2023 年第 6 期，
执笔人：闫宏伟）

主题教育正当时　凝心聚力谱新篇

　　春风送暖，万物更新。在全面贯彻党的二十大精神开局之年开展学习贯彻习近平新时代中国特色社会主义思想主题教育正当其时、意义重大。习近平总书记指出："开展这次主题教育，根本任务是坚持学思用贯通、知信行统一，把新时代中国特色社会主义思想转化为坚定理想、锤炼党性和指导实践、推动工作的强大力量，使全党始终保持统一的思想、坚定的意志、协调的行动、强大的战斗力，努力在以学铸魂、以学增智、以学正风、以学促干方面取得实实在在的成效。"这一重要论述具有极强的思想性、针对性、指导性，为全党开展主题教育指明了前进方向、提供了根本遵循。

　　以学铸魂。政治上的坚定源于理论上的清醒。习近平新时代中国特色社会主义思想是为新时代伟大变革所证明的系统全面、逻辑严密、内涵丰富、有机统一的科学理论体系，是当代中国马克思主义、21世纪马克思主义。新时代新征程，面对复杂多变的国际国内环境、艰巨繁重的执政使命，我们比以往任何时候都更需要统一思想、统一意志、统一行动。为此，必须持续在学习贯彻习近平新时代中国特色社会主义思想上下功夫，不断增进对党的创新理论的政治认同、思想认同、理论认同、情感认同，紧紧锚定凝心铸魂筑牢根本、锤炼品格强化忠诚的任务目标，经受思想淬炼、精神洗礼，筑牢信仰之基、补足精神之钙、把稳思想之舵，做到心往一处想、劲往一处使，共同把党锻造成一块攻无不克、战无不胜的坚硬钢铁。

以学增智。学之愈深，知之愈明，行之愈笃。掌握创新理论的深度决定着思维视野的广度、思想境界的高度，实现党的二十大确定的战略目标，迫切需要从习近平新时代中国特色社会主义思想中汲取智慧和力量，学习贯穿其中的立场观点方法，深刻领会党的创新理论的道理学理哲理，做到知其言更知其义、知其然更知其所以然，熟练掌握其中蕴含的领导方法、思想方法、工作方法，不断提高履职尽责的能力和水平。当前，尤其要认真学习《习近平著作选读》《习近平新时代中国特色社会主义思想专题摘编》《习近平新时代中国特色社会主义思想学习纲要（2023年版)》等文献著作，多思多想、学深悟透，从而在学习中提高运用党的创新理论观察时代、把握时代、引领时代的能力。

以学正风。作风正，事业兴。深入开展主题教育，就是要不断增强党的自我净化、自我完善、自我革新、自我提高能力。思想建设作为党的基础性建设，是党永葆生机活力的关键所在。这就要求我们必须用习近平新时代中国特色社会主义思想改造主观世界，在学习中查不足、找差距、明方向，接受政治体检，打扫政治灰尘，纠正行为偏差。要着重学习领悟党的创新理论中关于全面从严治党的重要内容，始终保持共产党人的政治本色，公正用权、依法用权、为民用权、廉洁用权，持续纠治"四风"，做良好政治生态和社会风气的引领者、营造者、维护者。

以学促干。"理论一经掌握群众，也会变成物质力量。"学习贯彻习近平新时代中国特色社会主义思想是新时代新征程开创事业发展新局面的根本要求。全党只有真正掌握和运用党的创新理论，才能真正发挥理论的先导作用，以实干担当促进发展。我们要不断强化科学理论指引，用党的创新理论研究新情况、解决新问题，认真贯彻《关于在全党大兴调查研究的工作方案》，紧紧围绕新时代新征程党的中心任务，真抓实干、务求实效，践行宗旨为民造福，把学习和工作的热情转化为攻坚克难、干事创业的强大动力，以时时放心不下的责任感和积极担当作为的精气神为党和人民履好职、尽好责。

春风化雨浸心田，战鼓擂动奏凯歌。让我们以这次主题教育为契机，牢牢把握"学思想、强党性、重实践、建新功"的总要求，加强党的创新理论武装，在思想上接受洗礼，在本领上拓展提升，在作风上实现转变，团结奋斗、迎难而上，为全面建设社会主义现代化国家、全面推进中华民族伟大复兴踔厉奋发、勇毅前行。

（本文刊载于《思想政治工作研究》2023 年第 5 期，

执笔人：闫宏伟）

于自净中增清醒　在祛疴中更坚定

　　办好中国的事情，关键在党。党的二十大报告从全面建设社会主义现代化国家、全面推进中华民族伟大复兴的战略高度，擘画新时代党的建设新的伟大工程，明确提出"要始终赢得人民拥护、巩固长期执政地位，必须时刻保持解决大党独有难题的清醒和坚定"，掷地有声、铿锵有力、发人深省。

　　一切从实际出发是马克思主义鲜明的理论品格。中国共产党已经成为世界上最大的马克思主义执政党，这是党最大的实际，决定了党必须时刻保持解决大党独有难题的清醒和坚定。历史地看，党的伟大不在于不犯错，而在于能自我纠正。从遵义会议挽救党和红军，到延安整风确立实事求是的思想路线；从党的十一届三中全会后拨乱反正，到新时代推进全面从严治党。每当重要历史关头，党总能闯关夺隘，浴火重生。从现实看，人民拥戴是党能够持续发展壮大的根基，是检验党能否保持长期执政的基石。世界最大马克思主义执政党的党情，时刻警醒着党必须立辉煌之上而居安思危，负人民之重而勇毅前行。向未来看，复兴之路前途光明但道阻且长，中国式现代化更是全新探索，各种风险挑战前所未有、风高浪急甚至是惊涛骇浪。经历了筚路蓝缕、不懈奋斗的百年，党始终在血与火的淬炼中不断自我完善、自我革新，在革命性锻造中愈发坚强有力。

内因是事物自身运动的动力和源泉。党的建设在党和国家事业发展中始终起着决定性作用。党的百年发展已雄辩证明，没有什么外力能够打倒我们党，能够打倒我们的只有我们自己，这是百年大党独有的政治清醒。"物必先腐也，而后虫生之。"腐败是危害党的生命力和战斗力的最大毒瘤。历代王朝的陨落，都始于其自身内部的变质腐败。我们党在这个问题上的教训是深刻的。新中国成立前，毛泽东同志清醒地劝诫全党要做到"两个务必"，党的二十大上习近平总书记发出"三个务必"的伟大号召。"打铁必须自身硬"，这是党从"星火燎原""进京赶考"到夺取反腐败斗争"压倒性胜利并全面巩固"得出的重要结论，是赢得历史和未来的必然选择。在充满光荣与梦想的新征程上，勇于自我革命的中国共产党，定将在坚持"三个务必"中永葆强大生命力，引领中华民族伟大"复兴号"巨轮扬帆远航。

党的建设始终是一个动态发展的过程。物质世界处于永恒的发展之中，只要党的生命体在运动，各种损害党的先进性和纯洁性的问题就必然会接踵而至，我们就必须持之以恒地保持大党的政治清醒，保持全面从严治党永远在路上的坚定。当前，中华民族伟大复兴进入了不可逆转的历史进程，这是党所面临的时与势，执政考验、改革开放考验、市场经济考验、外部环境考验长期存在。作为中国特色社会主义事业领导核心的中国共产党，踔厉奋发、勇毅前行，但一些党员干部依然不同程度存在担当精神缺乏、斗争本领不强、实干精神不足，形式主义、官僚主义突出等问题，腐败滋生土壤也尚未完全铲除，这些情况若不能得到有效解决，将会给民族复兴伟业带来难以估量的损失，甚至迟滞和阻碍民族复兴伟大进程。正如习近平总书记强调的，昨天的成功并不代表着今后能够永远成功，过去的辉煌并不意味着未来可以永远辉煌。

回首来时路，我们党始终在自警自励中不断发展壮大，在自我修复中不断涅槃新生，保持着马克思主义政党的本色。展望将来路，我们党定能在许多可以预料和难以预料的风险考验中始终保持"赶考"的政治清醒与坚定，赓续红色血脉，确保党永远不变质、不变色、不变味，让党的红色江山世世代代传承下去。

（本文刊载于《思想政治工作研究》2023 年第 1 期，执笔人：周国芳）

新时代　新使命

　　本篇共收录 13 篇文章。聚焦宣传思想文化领域的传承与创新，探讨如何通过文化的力量凝聚人心、推动发展，展现文化传承与宣传教育工作在新时代肩负的使命与责任。

从新年贺词感受文化自信的力量

新年贺词作为中华优秀传统文化习俗的独特呈现，承载着深厚的文化内涵与时代意义。习近平总书记的新年贺词，立意高远，情感真挚，犹如黄钟大吕，奏响了时代强音。贺词始终贯穿着厚德载物、自强不息、兼收并蓄、胸怀天下的文化自信，让我们深刻领略到中华优秀传统文化的独特魅力与强大生命力。这不仅是对中华优秀传统文化的创造性转化和创新性发展，更是对马克思主义中国化时代化的生动实践，全面展现了我们党团结带领全国各族人民在伟大斗争实践中取得的举世瞩目的成就。2013 年以来，12 篇贺词篇篇情真意切、如沐春风，散发着清新的时代气息，展现出中华民族的文化自信，鼓舞着每一个中华儿女的士气。

展现对"两个结合"创新文化价值的充分肯定

文化"有根""有魂""有力"才有自信。中华优秀传统文化是中国人世界观、方法论和价值观的深层结构，是我们坚定文化自信和在世界文化激荡中站稳脚跟的坚实根基，不断滋养着中国特色社会主义道路自信、理论自信和制度自信。聆听习近平总书记的新年贺词，能深刻感受到"两个结合"所催生的文化自信。

马克思主义中国化实践有效增进文化自信。文化是人类基于实践重构过去、建构当下和筑构未来的能力。因此，脱离实践的文化如同无源之水、无本之木。新时代中国特色社会主义文化自信源自中华优秀传统文化、革命文化、社会主义先进文化，植根于中国特色社会主义伟大实践。这种文化自信既展现在"麦积山石窟'东方微笑'跨越千年，六尺巷礼让家风代代相传""河西走廊穿越千年、历久弥新"等中华优秀传统文化重构的魅力之上，也体现在我们党矢志不渝推进"两个结合"的进程之中造就有机统一的新的文化生命体，科学回答中国之问、世界之问、人民之问、时代之问。马克思主义基本原理一经同中国革命、建设、改革实际相结合，就获得了中国特色社会主义文化创新源源不绝的实践经验。从"全面小康、摆脱贫困"到推动高质量发展，从共建"一带一路"倡议的提出到反对"脱钩断链""小院高墙"的逆全球化斗争，从科技引进消化、学习模仿到科技自立自强，从活力四射的"村超""村晚"到渐成风尚的低碳生活……不断涌现的新问题、新需求、新气象，为文化创新提供了丰富的资源和条件，为新的文化生命体建构注入了强大动力。

中华优秀传统文化创造性转化创新性发展积淀文化自信。"优秀传统文化是一个国家、一个民族传承和发展的根本，如果丢掉了，就割断了精神命脉。"[①]新时代中国特色社会主义文化并非固步自封、墨守成规，而是坚持创造性转化、创新性发展，辩证批判、兼收并蓄一

---

① 《习近平著作选读》第一卷，人民出版社 2023 年版，第 281 页。

切优秀传统文化基因的"有根"文化。习近平总书记在新年贺词中指出:"每当辞旧迎新,总会念及中华民族千年传承的浩然之气,倍增前行信心。""从五千多年中华文明的传承中一路走来,'中国'二字镌刻在'何尊'底部,更铭刻在每个华夏儿女心中。""泱泱中华,历史何其悠久,文明何其博大,这是我们的自信之基、力量之源。"中华优秀传统文化蕴含的民为邦本、为政以德、革故鼎新、任人唯贤、天人合一、厚德载物、讲信修睦、亲仁善邻等文化基因,闪烁着先贤们的智慧灵光,拥有超越时空的永恒价值,积淀为中华文化最深沉的力量。这些中华优秀传统文化因子一经与马克思主义科学理论相结合,就被马克思主义真理之光所激活,融入中国式现代化的文化,超越了西方中心主义现代化的文化叙事"霸权"。马克思主义中国化的文化生命也得到了中华优秀传统文化的充实,再也不是游荡在欧洲上空的文化"幽灵",而是内化为中国特色社会主义文化的"魂脉"。实践表明,"结合"推动了中国化马克思主义的与时俱进,促进了中国传统文化自身的创造性转化、创新性发展,增强了文化主体性塑造。

凸显对自强不息文化生命力的坚定信念

"天行健,君子以自强不息。"日月星辰运行不已,从不间断,称之为"健",亦曰"刚健"。人应该效法天这种运行不已的品格,而自强不息。"自强"含有克服艰险而不断前进之意,而且传统文化还强调"不息",即不懈努力。中华文明历经数千年而绵延不绝、迭遭忧患而经久不衰，根本原因就在于博大精深、自强不息的中华文化具有强大的凝聚力、创造力和生命力。习近平总书记在 2024 年新年贺词中指出："中国以自强不息的精神奋力攀登，到处都是日新月异的创造。"这种自强不息的文化生命力伴随着中国式现代化的推进，逐渐演化为中国共产党人的伟大斗争意志、斗争精神和斗争品格，凝聚成为新时代文化自信的时代精华。

演化为共产党人坚定的斗争意志。自强不息是中华民族的传统精神，在历史发展进程中，它逐渐演化为中国共产党人的斗争意志，激励着一代又一代共产党人为实现民族复兴等目标而不懈奋斗。奋斗创造奇迹，本质是文明能量的裂变。脱贫攻坚"一个都不能少"的誓言，恰如大禹治水时"凿山导水"的决绝；粤港澳大湾区涌动的创新浪潮，正与海上丝路的千年帆影共振。"中华民族伟大复兴绝不是轻轻松松、敲锣打鼓就能实现的，也绝不是一马平川、朝夕之间就能到达的。"[1]"中国特色社会主义是物质文明和精神文明全面发展的社会主义。一个没有精神力量的民族难以自立自强，一项没有文化支撑的事业难以持续长久。"[2]这种自强不息的文化生命力，在新时代更是彰显在中国共产党人的斗争意志之中。

升华为共产党人坚定的斗争精神。坚持不懈奋斗、进取、创新是中华民族的优秀品格和文化自信的深层动力机制，也是中国共产党人斗争精神的体现。前行路上，有风有雨是常态，因为"我们从来都是

---

[1] 《国家主席习近平发表二〇二二年新年贺词》，《人民日报》2022 年 1 月 1 日。
[2] 《习近平谈治国理政》第一卷，外文出版社 2018 年版，第 52 页。

在风雨洗礼中成长、在历经考验中壮大，大家要充满信心"①。压力催生创新的"动能"，封锁倒逼自强的觉醒，挑战化作超越的蓄力一跃。聆听习近平总书记的新年贺词，我们都能身临其境般感受党带领全国各族人民，为实现国家富强、民族振兴、人民幸福的战天斗地、实干苦干、攻坚克难、愈挫愈奋的斗争姿态和斗争精神。

内化为共产党人坚定的斗争品格。辩证唯物主义是马克思主义的科学世界观和方法论，是中国共产党人不可偏离的理论立场。唯物辩证法把斗争性看作是无条件的、绝对的，是打破任何条件限制贯彻下去的趋势，是推动事物发展的决定性因素。"辩证法不崇拜任何东西，按其本质来说，它是批判的和革命的。"②无产阶级政党作为践行马克思主义和以实现共产主义为最终目标的政治组织，天然秉承着马克思主义的斗争品格。习近平总书记在2023年新年贺词中指出："艰难困苦，玉汝于成。中国共产党百年栉风沐雨、披荆斩棘，历程何其艰辛又何其伟大。我们要一往无前、顽强拼搏，让明天的中国更美好。"新征程上，甚至会遇到难以想象的惊涛骇浪，中国共产党人必须弘扬辩证法"不崇拜任何东西"的斗争品格，迎难而上、攻坚克难，逢山开路、遇水架桥，排除一切干扰努力向前。

充盈对综合国力支撑的文化软实力的底气

有实力才有文化自信。文化之所以能够成为"软实力"，靠的不

---

① 《国家主席习近平发表二〇二五年新年贺词》，《人民日报》2025年1月1日。
② 《马克思恩格斯文集》第5卷，人民出版社2009年版，第22页。

是文化本身，而是文化之外的"硬实力"。习近平总书记在新年贺词里饱含深情地展示了党的十八大以来，我国高质量发展、加快实现高水平科技自立自强等方面的骄人成绩，展现了中国人以自强不息的精神奋力攀登、日新月异地创造、逐梦星辰大海的豪情壮志，充盈对新时代综合国力支撑的文化自信。

对新时代文化产生基础实力信心十足。马克思认为："物质生活的生产方式制约着整个社会生活、政治生活和精神生活的过程。不是人们的意识决定人们的存在，相反，是人们的社会存在决定人们的意识。"有什么样的物质生活的生产方式迟早会形成与之相匹配的文化，作为经济基础的反映，又反过来作用于经济和社会发展。正如农耕文明催生二十四节气的智慧，工业革命重塑理性与创新精神。文化从不是虚浮的倒影，而是经济土壤中开出的生命之花。良渚玉琮的礼制、敦煌壁画的融合、六尺巷的谦和，皆源自特定历史阶段的生产实践。新时代新征程，人民在追求物质文明共同富裕的同时，也追求精神生活共同富裕。12篇新年贺词4次提到国内生产总值增长情况。强大的经济实力为建立新时代文化自信奠定了坚实的物质基础，向世界昭示中华文脉中流淌至今中国精神的力量，展现了惊人的"中国制造、中国创造、中国建造"，分享了很多难忘的"中国声音、中国瞬间、中国故事"，贡献了"中国智慧、中国方案"，展示了美轮美奂的"中国印象、中国风采"。

对新时代文化发展强劲动力深信不疑。"刚柔交错，天文也；文明以止，人文也。观乎天文，以察时变；观乎人文，以化成天下。"文化即人化，是主体追求自我实现过程反映或反作用于客体的方式。

文化或许与物质生产发展不一定同步，但迟早会做出反映。文化对物质变革的回应，或如惊雷骤起，或似细雨润物，终会在时光的褶皱里完成一场庄重的共鸣。文化自信归根结底是对国家综合实力的确信。统筹推进"五位一体"总体布局、协调推进"四个全面"战略布局，文化是重要内容；推动高质量发展，文化是重要支点；满足人民日益增长的美好生活需要，文化是重要因素；战胜前进道路上各种风险挑战，文化是重要力量源泉。历史长河川流不息，文化从不被动追随物质车轮，而是以独有的韵律沉淀、发酵，最终迸发出超越时代的精神力量。尽管经济与文化的发展不一定同步，但归根结底是经济基础决定文化发展的方向和性质。今日之中国正以硬核实力为砚，以文化自信为墨，书写着一部物质文明与精神文明共舞的不朽传奇！

饱含对中国梦彰显的文化想象力的憧憬

有梦想才有未来，有未来才有文化自信。习近平总书记指出："中国人民追寻实现中华民族伟大复兴的中国梦，也祝愿各国人民能够实现自己的梦想。"中华民族自古秉持"天下为公"的社会理念，高扬"胸怀天下"的社会担当，憧憬"大同世界"的社会理想。从新年贺词中，我们可以感受到中国梦对这些瑰丽文化想象力的创造性转化、创新性发展，感受到中国梦蕴含的深厚文化自信和深沉道义力量。

对"人民梦"和党坚持人民至上政治定力的坚守。中国梦是人民的梦。"为中国人民谋幸福、为中华民族谋复兴"是中国共产党的初心使命。纵观中国共产党的发展史，无论是处于顺境还是逆境，始终没有偏离这个初心使命。在中国式现代化的新征程上，每一个人都是主角，每一分付出都弥足珍贵，每一束光芒都熠熠生辉。从"人民至上、生命至上"到"不负历史、不负时代、不负人民"的政治信仰彰显；从"人民有所呼、改革有所应""让人民过上幸福生活是头等大事"到脱贫攻坚让近一亿农村贫困人口全部脱贫的政治承诺兑现；从"民之所忧，我必念之；民之所盼，我必行之""小康路上一个都不能掉队"到肩负全力推进共同富裕的政治担当……新年贺词中"人民中心""人民幸福""人民创造""人民共享""人民期待"等对"人民点赞"溢于言表的语词俯拾皆是，充分体现了习近平总书记和党中央对人民的高度负责和深切关怀，全面展现了中国共产党"为人民服务"的宗旨和中国特色社会主义的本质要求。

对"复兴梦"和中国式现代化的道义感召力的笃定。实现中华民族伟大复兴是中国梦的核心要义。中国式现代化，深深根植于中华优秀传统文化，体现科学社会主义的先进本质，借鉴吸收一切人类优秀文明成果，代表人类文明进步的发展方向，彰显人类文明的道义力量。基于道德力量的文化自信是最深沉、最持久的文化自信。正如习近平总书记在新年贺词中所说："2022年，我们胜利召开党的二十大，擘画了全面建设社会主义现代化国家、以中国式现代化全面推进中华民族伟大复兴的宏伟蓝图，吹响了奋进新征程的时代号角""我们要坚定不移推进中国式现代化""中国式现代化必将在改革开放中开辟更加广阔的前景"。中国式现代化是对马克思恩格斯构想的共产主义道路的当代实践，坚持"生产将以所有人的富裕为目的"，把实现人的自由而全面发展作为最终目标，展现了社会主义制度在推动经济发展和社会进步方面的巨大优势，符合历史发展的潮流和趋势，是对马克思主义"人类情怀"的深刻认同和当代执着实践。

对"大同梦"和构建人类命运共同体多方协同力的推崇。中国梦是一种联通世界、美美与共的梦。习近平总书记在 2024 年新年贺词中指出："中国人民深知和平的珍贵，我们愿同国际社会一道，以人类前途为怀、以人民福祉为念，推动构建人类命运共同体，建设更加美好的世界。"中国梦汇聚了中国人民对美好生活向往的最大公约数，人类命运共同体汇聚着世界各国人民对和平、发展、繁荣向往的最大公约数。中国始终坚持以弘扬全人类共同价值为引领，"以博大情怀关照人类命运"，致力于消除偏见分歧、促进各国人民相知相亲，引领"世界各国风雨同舟、团结合作"，愿同各国一道"书写构建人类命运共同体的新篇章"；始终坚持以真诚姿态积极参与全球治理体系改革和建设，构建人类命运共同体，"做友好合作的践行者、文明互鉴的推动者"，齐心协力应对人类共同挑战，开展全球性协作，促进世界共同繁荣和发展，共同开创世界的美好未来。正如英国历史学家汤因比所预测的那样：21 世纪是属于中国的世纪，只有中国的文明才能解决人类面临的种种问题。

"雄关漫道真如铁，而今迈步从头越。"华夏五千年文明长河奔涌不息，文化自信就是这条长河的源头活水。历史文脉的雄浑厚重与时代精神的深邃灵动，在习近平总书记 12 篇新年贺词中交相辉映，将民族复兴的雄关漫道照得光明通亮。新年贺词带我们广泛了解了中华文化发生、成长、发展的历史，领略了中华优秀传统文化的魅力，认识了自己文化的独特性、生命力和存在价值，使我们深刻认识到在强国复兴新征程上持续推进"两个结合"、创造新的文化生命体的普遍意义。

（本文刊载于《思想政治工作研究》2025 年第 4 期，

执笔人：刘兴云、鄢雨欣）

熔古铸今蔚为宝

——深刻理解"让更多文物和文化遗产活起来"

"中国是一个伟大的国度，传承着伟大的文明。""良渚、二里头的文明曙光，殷墟甲骨的文字传承，三星堆的文化瑰宝，国家版本馆的文脉赓续……""泱泱中华，历史何其悠久，文明何其博大，这是我们的自信之基、力量之源。"

2024 年新年贺词中，习近平总书记告诉我们，正是中华文明的护佑和滋养，让我们过去一年的步伐"走得很显底气"。

党的十八大以来，习近平总书记准确把握中国和世界发展大势，从实现中华民族伟大复兴的战略高度出发，应世界范围内思想文化相互激荡、中华文化主体性空前凸显、人民对美好精神文化生活需求日益增加的趋势，多次在重要会议和文化点位考察时强调，"让更多文物和文化遗产活起来，营造传承中华文明的浓厚社会氛围"，"扩大中华文化的影响力"。

全国各地各部门以习近平文化思想为指导，贯彻落实党中央关于"坚持保护第一、加强管理、挖掘价值、有效利用、让文物活起来"的新时代文物工作方针，持续推进文物保护利用和文化遗产保护传承工作。

10 多年来，文物和文化遗产保护力度加大，重大考古项目深入实施，博物馆和社会文物改革发展提质增效，革命精神广泛弘扬，文物交流合作格局深化拓展，文物事业高质量发展取得显著成效。

群众是评判者，人民是阅卷人。

近年来，文博主题纪录片和综艺常年霸榜，热爆了的博物馆带火一大批文物文创，浓浓中国风的"国货潮牌"备受市场青睐，这些都让我们看到，"让更多文物和文化遗产活起来"的政策已经从案头落实到了街头，更深入到了心头。

一

"中华文明源远流长，从未中断，塑造了我们伟大的民族，这个民族还会伟大下去的。要通过文物发掘、研究保护工作，更好地传承优秀传统文化。"[1]

中华文明从汩汩泉涌汇聚成潺潺细流，再从滔滔江河奔涌为汪洋大海，滋养了生活在这片沃土上的祖祖辈辈，也在时空的记忆里留下了一朵朵晶莹的浪花。

历史文化遗产承载着中华民族的基因和血脉，不仅属于我们这一代人，也属于子孙万代。让更多文物和文化遗产活起来，首要的是让它们得到发掘和保护。

探寻源头之水。

---

[1] 习近平：《加强文化遗产保护传承　弘扬中华优秀传统文化》，《求是》2024 年第 8 期。

　　溯历史的源头才能理解现实的世界，循文化的根基才能辨识当今的中国。五千年中华文明浩浩汤汤，"认识中华文明的悠久历史、感知中华文化的博大精深，离不开考古学"①。

　　2023 年，中华文明探源工程持续推进，提出文明定义和认定进入文明社会的中国方案；"考古中国"重大项目研究不断深入，二里头、三星堆考古发现惊艳世人；水下考古和水下文化遗产保护取得突破，"南海一号"沉船、甲午海战沉舰逐渐露出真颜；国家考古遗址公园继续新建，考古遗址保护利用体系初步形成。

　　一件件精美文物揭开神秘面纱，一处处考古遗迹走入人们视野，"何为历史""何以中国"，"考古"源源不断给出答案。

　　"考古工作是展示和构建中华民族历史、中华文明瑰宝的重要工作。"②考古成果向我们展示了中华文明起源和发展的历史脉络，揭示了中华民族的文化基因；向我们呈现了中华文明的灿烂成就，是坚定文化自信的重要源泉；向世界宣告了中华文明的重大贡献，为世界文明提供中国智慧。

　　触摸传承之流。

　　"只有全面深入了解中华文明的历史，才能更有效地推动中华优秀传统文化创造性转化、创新性发展。"③不从源远流长的历史连续性来认识中国，就不可能理解古代中国，也不可能理解现代中国，更不

---

① 《担负起新的文化使命　努力建设中华民族现代文明》，《人民日报》2023 年 6 月 3 日。
② 习近平：《建设中国特色中国风格中国气派的考古学，更好认识源远流长博大精深的中华文明》，《求是》2020 年第 23 期。
③ 习近平：《在文化传承发展座谈会上的讲话》，人民出版社 2023 年版，第 1 页。

可能理解未来中国。

文明浩瀚，典籍作舟。

习近平总书记十分重视典籍的保护、修复与整理工作。2005年7月，时任浙江省委书记的习近平在关于汇编出版两岸故宫博物院宋画藏品等建议的报告上批示：这一构想很好，值得为此努力。"中国历代绘画大系"的编纂出版就此拉开序幕。

多年来，习近平总书记亲力推动、全程支持。这一场"文化长跑"精益求精、潜心磨砺，孜孜不倦、上下求索，久久为功、善作善成。

2022年底，"盛世修典——'中国历代绘画大系'成果展"在中国国家博物馆展出，"中国历代绘画大系"文化工程，共收录海内外260余家文博机构的中国绘画藏品12405件（套），涵盖了绝大部分传世的国宝级绘画珍品。

"把自古以来能收集到的典籍资料收集全、保护好，把世界上唯一没有中断的文明继续传承下去。盛世修文，我们现在有这样的意愿和能力，要把这件大事办好。"[1]

深耕积淀之海。

五千年历史积淀，中华民族的文化遗产浩如烟海，承载着中华民族的血脉、传承着中华文明的基因，是不可再生、不可替代的重要资源。

2017年7月，鼓浪屿获准列入《世界遗产名录》后不久，习近平

---

[1] 《担负起新的文化使命　努力建设中华民族现代文明》，《人民日报》2023年6月3日。

总书记作出重要指示：申遗是为了更好地保护利用，要总结成功经验，借鉴国际理念，健全长效机制，把老祖宗留下的文化遗产精心守护好，让历史文脉更好地传承下去。

早在 2001 年，习近平同志任福建省省长期间便研究推动"海上丝绸之路：泉州史迹"申报世界文化遗产工作。20 年间，文物普查、考古发掘、立法保护、科学维修、缜密论证，几经努力，"泉州：宋元中国的世界海洋商贸中心"于 2021 年成功列入《世界遗产名录》。

"要扎实做好非物质文化遗产的系统性保护，更好满足人民日益增长的精神文化需求，推进文化自信自强。"2022 年 12 月，习近平总书记对非物质文化遗产保护工作作出重要指示。

一炉窑火，延烧千年，江西景德镇手工制瓷技艺非遗传承人匠心独运，传承"天青色等烟雨"的陶瓷文化；

百龙腾跃，迎祥送福，甲辰龙年伊始，国家级非遗项目广西宾阳炮龙节隆重举行，中华炮龙文化欣欣向"龙"；

巍然屹立，跨越千年，山西大同云冈石窟，向游客展现着北魏文化、中原文化、游牧文化等多种文化的交融共生。

"保护好、传承好历史文化遗产是对历史负责、对人民负责。"习近平总书记殷殷嘱托。

"问渠那得清如许，为有源头活水来。"得益于考古挖掘探源、文化传承发展、积极保护利用等工作的不断推进，更多的文物和文化遗产得到妥善保护继承，为中华文明发展持续注入"源头活水"。

二

"让收藏在禁宫里的文物、陈列在广阔大地上的遗产、书写在古籍里的文字都活起来。"①

中华民族之所以能延续数千年、中国之所以能屹立于世界千年，正是因为中华文明旺盛的生命力和无与伦比的价值。

2021 年 11 月 24 日，习近平总书记主持召开中央全面深化改革委员会第二十二次会议，审议通过了《关于让文物活起来、扩大中华文化国际影响力的实施意见》，明确提出要准确提炼并展示中华优秀传统文化的精神标识，更好体现文物的历史价值、文化价值、审美价值、科技价值、时代价值。让更多的文物和文化遗产活起来，就要善于发掘利用文物的多维价值。

立传承历史文化之心。

文物与文化遗产，既是历史的见证，也是文明的载体，蕴含着中华民族的基因密码，记录着民族的历史，传承着文化的未来。党的二十大报告提出，"加大文物和文化遗产保护力度，加强城乡建设中历史文化保护传承"。

承"汉风遗韵"，陕西汉中市博物馆的褒斜古栈道陈列室记录着楚汉相争的沧桑往事，镇馆之宝"石门十三品"寄寓着文心隽永的书法演变史，一件件文物讲述着厚重历史；

守"碧波长流"，北京大运河博物馆、苏州"运河十景"项目，

---

① 《习近平谈治国理政》，外文出版社 2014 年版，第 161 页。

沿线 35 座城市聚力而行，打造大运河文化带，在悠悠水脉中流淌着政风民俗；

品"斯文在兹"，中国国家版本馆中一件件珍贵的甲骨、简牍、古籍文献、雕版拓片记录着千年历史，在版本传承中赓续着气韵文脉。

文脉弦歌不辍，文明生生不息。深入挖掘、生动展现文物和文化遗产的历史价值、文化价值，让文物说话、让历史说话、让文化说话。

聚科技创新发展之力。

科技创新是文物事业高质量发展的第一动力，推动文物和文化遗产的活化利用离不开科技创新。2023 年《关于加强文物科技创新的意见》出台，为文物事业高质量发展提供了有效支撑。

文物如何长久保存？——科技为文物保护保驾护航。智能移动式电子束辐照灭菌装置实现在狭小空间内腾挪移动、杀灭细菌；装配式多功能考古舱第一时间对文物进行现场保护。2023 年，在文物科技领域，国家重点研发计划取得 259 项新技术新方法、207 项授权专利，研发文物专用装备首台（套）样机 167 项，新增文物专有装备生产线 15 条。

距离遥远无法前往参观怎么办？——科技助文物走进千家万户。故宫博物院"数字文物库"向社会发布 2 万件院藏文物高清数字影像，带你线上领略文物风采；"云游敦煌"小程序，带你近距离观赏洞窟里的壁画、彩塑和碑文；三星堆博物馆通过裸眼 3D 矩阵投影、三维虚拟修复实物展示让古蜀瑰宝如获新生。

文物故事如何引人入胜？——科技帮文旅产业实现大发展。湖南长沙马栏山视频文创产业园以数字视频内容为龙头，创作了一批文物 IP 产品，点击量逾亿次；国家典籍博物馆举办"线上超现实看展体验项目——古籍寻游记"体验活动，故事化、情景化的 VR 互动纪录片吸引了大量观众参与；上海"探秘山海经"大型沉浸艺术展正式开幕，智慧旅游沉浸式体验令人流连忘返，接待线下观众超过 3 万人次，实现门票及其他产品收入近 500 万元。

育传承红色基因之人。

红色是中国共产党最鲜亮的底色。

2021 年 3 月，习近平总书记对革命文物工作作出重要指示："加强革命文物保护利用，弘扬革命文化，传承红色基因，是全党全社会的共同责任。"

北京市加强革命文物保护利用，形成中国共产党早期北京革命活动、抗日战争、新中国成立三大红色文化主题片区，多种特色活动、沉浸式体验备受学生喜爱，"红色游"热度正盛；

陕西依托本地革命文物资源优势，将革命文物利用纳入文化和旅游发展规划，延安相继推出二十类数百款革命文物主题文创产品，让革命文化走入大众手里、心里；

国立蒙藏学校旧址、南梁陕甘边区革命政府旧址群等修缮开放，革命文物和革命旧址成为弘扬革命文化、激发爱国热情的"生动教材"，助力铸魂育人"大思政课"高质量发展。

一件件革命文物、一处处红色遗迹，记录着我们党的光辉历史，在传承红色基因、培育和践行社会主义核心价值观方面发挥出巨大的时代价值。

三

"文明交流互鉴，是推动人类文明进步和世界和平发展的重要动力。"①

海不辞水，故能成其大；山不辞土石，故能成其高。中华文明的博大精深在于其海纳百川，中华文明的历久弥新在于其兼容并蓄。

"中华文明是在中国大地上产生的文明，也是同其他文明不断交流互鉴而形成的文明。"②让文物和文化遗产活起来，就要把中华文化精神弘扬起来，推动中华文明走向世界，走向未来。

让文物和文化遗产流动起来。

万物并育而不相害，道并行而不相悖。习近平总书记深刻指出："文明因交流而多彩，文明因互鉴而丰富。"文物承载着中华民族的灿烂文明，传承着中华优秀历史文化，推动文物外交、让文物活起来，是中华文化走向世界的应有之义。

长安复携手，再顾重千金。2023 年 5 月，首届中国—中亚峰会在陕西西安召开。在赠送给中亚国家元首的礼品中，有一件"何尊"格外引人注目。何尊是西周早期著名的礼器，尊内底部的 122 字铭文中出现了"宅兹中国"，是有关"中国"的最早文字记录。习近平主席以"尊"为礼，让千年前的青铜器乘友谊之船驶向世界。

敦煌定若远，一信动经年。2023 年 9 月，《飞天》音乐会在敦煌大剧院上演，拉开第六届敦煌文博会的序幕。敦煌文博会传承、弘扬

① 《习近平著作选读》第一卷，人民出版社 2023 年版，第 228 页。
② 《习近平著作选读》第一卷，人民出版社 2023 年版，第 230 页。

丝路精神，持续推动"一带一路"共建国家和地区间人文交流、战略互信、经贸合作。敦煌这一世界文化遗产，重焕昔年荣光，发挥重要平台作用。

文物外交服务于中国特色大国外交，为世界留下"中国印象"。

把跨越时空、超越国度的文化精神弘扬起来。

中国文化精神承载着中华优秀传统文化，蕴含着中华悠久历史文化的深厚底蕴，跨越时空、超越国度，富有永恒魅力、具有当代价值。

大屏小屏上，《国家宝藏》《如果国宝会说话》《非遗里的中国》《我在故宫修文物》等文化类节目，以创新形式传达中华优秀传统文化的思想内涵，吸引越来越多的年轻人了解文物和文化遗产。

展览活动走出国门、走向世界，让世界看到中国。党的十八大以来，中国文物出入境展览十分频繁，展出地域实现突破，策展模式不断创新，"华夏瑰宝"文物展、"东西汇流：13—17世纪海上丝绸之路"文物展，成为展现中华文明的"金名片"。

中国出版"走出去"，用文学讲好中国的故事、中国文物的故事。上海世纪出版集团"文化中国"系列丛书以中国文化为核心，以英语直接编辑，在海外书业市场出版发行。《五十件珍宝里的中国文化简史》《庄子百句》《四季水墨绘》《百鸟朝凤》等品种长红海外。

让中华文明同世界各国文明携起手来。

习近平总书记在文化传承发展座谈会上指出，"中华文明具有突出的包容性"，"中华文明的博大气象，就得益于中华文化自古以来开放的姿态、包容的胸怀"。

文物与文化遗产是文明的物质性和可视性载体，它们的保护不是一地一国的事，需要全世界各国携起手来。

党的十八大以来，中国文物多次在境外展出，文物国际合作列入国家外交重要议程，有力展现了中国作为文物大国、遗产大国、文明古国的正面形象。

"考古国际合作""文物保护管理利用国际合作"持续推进，中国考古、文物修复等专业人员走出国门，积极参与不同国家和地区的联合考古、文物修复行动。

同时，中国还创办亚洲文明对话大会、文明交流互鉴对话会，承办世界遗产委员会会议，积极参与世界文化遗产国际治理，成为文化遗产国际合作的中坚力量。

"一花独放不是春，百花齐放春满园。"源远流长、博大精深的中国文化，为世界贡献中国智慧、中国方案、中国力量。

"中华文明延续着我们国家和民族的精神血脉，既需要薪火相传、代代守护，也需要与时俱进、推陈出新。"①

新时代新征程，我们要以习近平文化思想为根本遵循，坚持以人民为中心，精心守护好老祖宗留下的宝贵历史文化遗产，永续灿烂辉煌的历史文脉和民族记忆，让更多文物和文化遗产活起来，为社会主义文化强国建设增亮添色！

（本文刊载于《思想政治工作研究》2024年第4期，执笔人：李惠男、祁琪）

---

① 《习近平著作选读》第一卷，人民出版社2023年版，第480页。

文润德泽金更赤

——深刻理解"高质量发展，文化是重要支点"

2024 年开年第一课，习近平总书记聚焦金融高质量发展。

在实施"十四五"规划的关键一年，面对"关键少数"的省部级主要领导干部，习近平总书记提出"积极培育中国特色金融文化"这一重大课题，再次表明了习近平新时代中国特色社会主义思想的整体性和系统性，反映了习近平经济思想和习近平文化思想的内在统一性，向我们指出了推动文化与经济融合发展的重要性和必要性。

文化如水，润物无声。

习近平总书记一直非常重视研究和把握经济与文化的内在联系及互动规律，强调要发挥文化对经济发展的推动促进作用。

2023 年 2 月，他在二十届中央政治局第三次集体学习时强调："开展基础研究既需要物质保障，更需要精神激励。我国几代科技工作者通过接续奋斗铸就的'两弹一星'精神、西迁精神、载人航天精神、科学家精神、探月精神、新时代北斗精神等，共同塑造了中国特色创新生态，成为支撑基础研究发展的不竭动力。"

3 月，在看望参加全国政协十四届一次会议的民建、工商联界委员并参加联组会时，他指出，民营企业家"要继承和弘扬中华民族传统美德，积极参与和兴办社会公益慈善事业，做到富而有责、富而有义、富而有爱"。

10月，在进一步推动长江经济带高质量发展座谈会上，他指出，"深入发掘长江文化的时代价值""积极推进文化和旅游深度融合发展"。

党的十八大以来，以习近平同志为核心的党中央把文化建设提升到一个新的历史高度，将文化建设作为统筹推进"五位一体"总体布局、协调推进"四个全面"战略布局的重要内容，作为满足人民日益增长的美好生活需要的重要因素，作为战胜前进道路上各种风险挑战的重要力量源泉，多次强调"推动高质量发展，文化是重要支点"。

所谓支点，在锚定、在赋能、在生发。

文化引领高质量发展前进方向

物质提供基础，精神引领方向。实现中华民族伟大复兴，既需要物质文明极大发展，也需要精神文明极大发展，二者缺一不可，不可偏废。

毛泽东同志指出："我们不但要把一个政治上受压迫、经济上受剥削的中国，变为一个政治上自由和经济上繁荣的中国，而且要把一个被旧文化统治因而愚昧落后的中国，变为一个被新文化统治因而文明先进的中国。"

邓小平同志指出："我们要在建设高度物质文明的同时，提高全民族的科学文化水平，发展高尚的丰富多彩的文化生活，建设高度的社会主义精神文明。"

习近平同志进一步深化了我们党对推进物质文明和精神文明协调一致、共同发展的认识。早在河北正定工作期间，他就意识到了精神文明建设的重要性，提出把精神文明建设当作战略方针来抓，并要求全党动手，全民动员。在福建宁德工作期间，他强调"精神文明建设是实施脱贫致富战略的重大内容之一"。在浙江工作期间，他指出，文化的力量，或者我们称之为构成综合竞争力的文化软实力，总是"润物细无声"地融入经济力量、政治力量、社会力量之中，成为经济发展的"助推器"、政治文明的"导航灯"、社会和谐的"黏合剂"。

进入新时代，习近平总书记强调："人无精神则不立，国无精神则不强。唯有精神上站得住、站得稳，一个民族才能在历史洪流中屹立不倒、挺立潮头。同困难作斗争，是物质的角力，也是精神的对垒。"要求大力发展社会主义先进文化，加强理想信念教育，加强和改进思想政治工作，深入开展群众性精神文明创建活动。

理念是行动的先导。习近平总书记的话语意蕴深刻，站在战略高度阐释了物质与精神的辩证关系，蕴含着深刻的方法论，为实现中国式现代化提供了科学指引，以文化为推动高质量发展定向领航。

文化关乎国本、国运。

中华优秀传统文化具有连续性、创新性、统一性、包容性、和平性五大突出特性。"我们的社会主义为什么不一样？为什么能够生机勃勃充满活力？关键就在于中国特色，中国特色的关键就在于'两个结合'"①。

在漫长的历史进程中，中华民族走过了不同于世界其他文明的发展历程，创造了独特的发展道路。在推动高质量发展的新征程上，面对新情况、新问题，我们要"坚持以马克思主义为指导"，用中华优秀传统文化充实"马克思主义的文化生命"，用"两个结合"引领高质量发展方向，走出适合自己特点的中国特色社会主义道路。

文化赋予高质量发展新质新能

2024 年一开年，"压力"首先给到了各地文旅单位。事实上，在 2023 年，各地文旅产业作为恢复市场活力、打开增长局面的"先手棋""暖场曲"已经各显其能、妙招迭出。

2023 年上半年"鲁 C 淄博"站稳"流量 C 位"，淄博用烧烤抓住游客的胃、用人情暖热游客的心，带动山东成为文旅市场"大赢家"，文化与旅游融合发展，助力经济跃升。

2023 年下半年"尔滨"横空出世，哈尔滨为"南方小土豆"拿出各种新玩法：冻梨摆盘、人造月亮、飞马踏冰、取暖驿站，本地人直呼"尔滨，你让我感到陌生"。仅 2024 年元旦期间，哈尔滨就累计接待游客 304.79 万人次，旅游总收入 59.17 亿元，特色冰雪文化旅游迎来新飞跃。

近年来，见证了一个个网红打卡点、网红产品的兴起，目睹了一

① 习近平:《在文化传承发展座谈会上的讲话》，人民出版社 2023 年版，第 7 页。

个个流量文创产业的蓬勃，亲历了一个个热点旅游目的地的人潮汹涌，不难发现，文化与产业的结合更加紧密，文化和经济的融合更加深入。

2021 年，舞蹈诗剧《只此青绿》登上春晚舞台，迅速走红网络。作品将古典舞蹈与王希孟的代表作品《千里江山图》融合为一体，通过舞蹈完成"江山即人民"的概念表达，传统文化通过创造性转化、创新性发展焕发新的魅力。中国东方演艺集团以此为契机，相继打造出音舞诗画《忆江南》、舞蹈诗剧《诗忆东坡》等相关文艺作品，打造出一个又一个文化 IP，既叫好又叫座。

中国电影集团在 2023 年主动发力，参与出品并投放市场多部作品，《流浪地球 2》《志愿军：雄兵出击》等频获好评，"好技术"与"好内容"双管齐下，LED 虚拟拍摄、数字灯光、全景立体声等技术，助力电影场景逼真化，"文化＋科技"贯穿电影创作全过程。

2023 年全国两会，习近平总书记参加江苏代表团审议时提出这样一个题目，文化很发达的地方，经济照样走在前面，可以研究一下这里面的人文经济学。

人文经济学作为对"两个结合"的创新探索和对中国式现代化这一中心任务的生动实践，早已融汇在各地近年来的城市历史保护和城市更新中。

2014 年习近平总书记在北京考察时指出，北京是世界著名古都，要传承保护好这份宝贵的历史文化遗产。"历史文化是城市的灵魂，要像爱惜自己的生命一样保护好城市历史文化遗产"。北京紧抓京津冀协同发展契机，贯彻以人民为中心的发展理念，积极探索老城改造与历史文化遗产保护双轨并行，不断朝着建设国际一流和谐宜居之都的目标前进。

2019 年习近平总书记在上海考察时再次提出，"文化是城市的灵魂"。要妥善处理好保护和发展的关系，注重延续城市历史文脉。上海厚植红色文化、海派文化、江南文化资源，注重延续城市历史文脉，像对待"老人"一样尊重和善待城市中的老建筑，文化与经济交相辉映，文化繁盛、经济繁荣，共同铸就上海城市新文明。

中共中央办公厅、国务院办公厅印发的《"十四五"文化发展规划》中指出："贯彻新发展理念，构建新发展格局，推动高质量发展，文化是重要支点，必须进一步发展壮大文化产业，强化文化赋能，充分发挥文化在激活发展动能、提升发展品质、促进经济结构优化升级中的作用。"

从人到产再到城，文化让三者融合共生，为发展赋能助力。

文化培育高质量发展文明新形态

2024 年 1 月 24 日，国家大剧院，由中法两国艺术家共同演绎的歌剧《罗密欧与朱丽叶》，拉开中法建交 60 周年庆祝活动帷幕。

从"凡尔赛宫与紫禁城"展览到法国音乐剧巡演、中国彩灯节，2024 年中法双方将举办涵盖表演艺术、文化遗产、旅游推广等领域的数百项活动。

长期以来，文化在中法两国关系中一直扮演着非常重要的角色。早在 2003 年，两国就开始互办文化年，每年举办的"中法文化之春"

已持续 20 多年。

人文交流是两国之间重要的纽带，人文交流也推动着两国经贸交流不断深化扩大。60 年间，中法双边贸易额从建交时仅约 1 亿美元增长到 2023 年的近 800 亿美元。中法双向投资从无到有，成果丰硕。

习近平主席在向中法建交 60 周年招待会发表视频致辞时强调，"要以中法文化旅游年、巴黎奥运会为契机，扩大人文交流、促进民心相通"，"要坚持互利共赢，在深化传统合作的同时，积极挖掘绿色产业、清洁能源等新兴领域合作潜力，坚持把蛋糕做大，以开放汇聚合作力量、共享发展机遇"。

回望 2023 年，一场场文化外交向世界生动展示了中国以文化交流为重要支点，推动双边、多边经济发展，构建人类文明新形态的生动实践。

5 月，中国—中亚峰会在西安举行。百花齐放，礼乐和鸣。中亚各国"就像走亲戚一样，密切交往"。人文交流发展迅速、人民友好往来不断加强。中国在中亚国家开设的孔子学院带动"中国文化热"持续升温，夯实了双方友好交流的社会基础。在此基础上，中哈原油管道、中乌鹏盛工业园、中塔乌公路等合作项目成功建成，为当地带来了良好的经济效益，构建起更加紧密的"中国—中亚命运共同体"。

9 月，"民心相通　文化互鉴　合作共赢"中非文化合作交流月系列非洲国家推广发布活动在埃塞俄比亚、南非和坦桑尼亚进行三站，聚焦文化、艺术、旅游等领域开展了一系列人文交流相关活动，取得丰硕成果。

10 月，盛会再启。第三届"一带一路"国际合作高峰论坛在北京举办，亚洲、非洲、美洲、大洋洲，"新朋老友"齐聚一堂，续写2000多年文明记忆，150多个国家共同奏响丝路新乐章。"一带一路"以文明交流为起点，推动经贸合作不断走深走实。

11月，中非经贸论坛暨中非文化合作交流月在浙江金华举办，中非旅游合作论坛、2023中国与非洲木雕艺术家创作交流、"婺风盛典"婺剧专场演出等10场丰富多彩的交流互鉴活动，构建多层次、多渠道、多形式的友好合作，继续推进中非合作走深走实。中国商务部公布的数据显示，2023年中非贸易额达到历史峰值2821亿美元，同比增长1.5%。

2013年到2022年，中国与共建国家货物贸易累计规模达到19.1万亿美元，年均增速6.4%，累计双向投资超过3800亿美元，承包工程年均完成营业额约1300亿美元，为相关国家带来实实在在的利益，为加快构建人类命运共同体汇聚起强劲动力。

"一个国家、一个民族的强盛，总是以文化兴盛为支撑的，中华民族伟大复兴需要以中华文化发展繁荣为条件。"[①] 在漫长的历史长河中，世界各国人民创造各具特色的文明，先进文化始终引领社会的发展。

"对历史最好的继承就是创造新的历史，对人类文明最大的礼敬就是创造人类文明新形态。"[②] 中国式现代化是物质文明和精神文明相协调的现代化，中国式现代化赋予中华文明现代力量，创造了一种全

---

① 中共中央党史和文献研究院编:《习近平关于社会主义精神文明建设论述摘编》，中央文献出版社2022年版，第18页。

② 习近平:《在文化传承发展座谈会上的讲话》，人民出版社2023年版，第12页。

新的人类文明形态，"与全球其他文明相互借鉴，必将极大丰富世界文明百花园"①。

文润德泽金更赤，东方风起日日新。

回首过去，人文鼎盛、百家争鸣，文化为经济社会发展提供源源不断的滋养，呈现出"郁郁乎文哉"的盛大气象。

放眼现在，人民豪迈、阔步前进，中华文化的"一池春水"生机勃勃，高质量发展稳步推进，文化与经济发展交相辉映。

展望未来，江山壮丽、前程远大，在以习近平同志为核心的党中央坚强领导下，在习近平新时代中国特色社会主义思想科学指引下，中华儿女必将在强国建设、民族复兴的伟大征程中赓续历史文脉、谱写当代华章。

（本文刊载于《思想政治工作研究》2024年第3期，

执笔人：李惠男、祁琪）

---

① 习近平：《携手同行现代化之路——在中国共产党与世界政党高层对话会上的主旨演讲》，人民出版社2023年版，第7页。

着眼于人　落脚于人

习近平总书记在主持中共中央政治局第十七次集体学习时强调，要始终坚持文化建设着眼于人、落脚于人。将人作为文化建设的着眼点和落脚点，重申文化建设中人的主体性，揭示文化的本质，用马克思主义激活中华传统文化中的优秀因子并赋予其新的时代内涵，为新时代文化建设指明了实践路径，也为思想政治工作扎实开展提供了根本遵循。

坚持文化建设着眼于人、落脚于人，需要清楚认识人和文化。

人，是马克思学说的起点和终点。恩格斯说，对人类而言，"文化上的每一个进步，都是迈向自由的一步"；马克思主义者把实现人的自由而全面的发展作为共产主义的本质特征；中国共产党坚持以人民为中心的发展思想；思想政治工作以人为本……这里所说的人，都是有情感、有行动，生活在社会、历史中的具体的人，不同于马克思主义经典作家所批判的，基于唯心史观和庸俗唯物主义史观的，只把精神因素看作人的根本特征、轻视人的物质存在的，抽象化、虚无化的"人"。

文化，是一个覆盖面宽广的复杂概念，仅从内涵出发，理解文化的本质是困难的。在世界上，关于文化的权威说法数以百计，源于不同学术视角的多学科，在文化内涵的精准描述上难以达成共识。而从概念的外延切入，人的主体性凸显，成为文化的本质特征。由《周易》"观其天文，以察时变；观其人文，以化成天下"演化而来的"人文化成"和"文化"，不断提醒着人们，文化是"人化"才可以"化人"，理解文化就是理解人。

文化与人在理论上密不可分，在此前提下，习近平总书记强调要始终坚持文化建设着眼于人、落脚于人，显现出强烈的实践导向、问题导向。建设文化强国是全党全社会的共同任务，而强国事业始于梦想、基于创新、成于实干。

党的二十届三中全会审议通过的《中共中央关于进一步全面深化改革、推进中国式现代化的决定》提出要坚持守正创新，坚持中国特色社会主义不动摇，紧跟时代步伐，顺应实践发展，突出问题导向，在新的起点上推进理论创新、实践创新、制度创新、文化创新以及其他各方面创新。在锚定文化强国战略目标的火热实践中，从中央到基层，突出问题导向的文化建设进行了各方面创新，着眼于人、落脚于人的思想政治工作正在全面推展。

针对中小学生"小眼镜"、"小胖墩"、脊柱侧弯、心理健康问题等较为突出的现象，教育部、中央宣传部、中央网信办、科学技术部、公安部等17部门联合印发《家校社协同育人"教联体"工作方案》，推动建设以中小学生健康快乐成长为目标、以学校为圆心、以区域为主体、以资源为纽带，促进学校家庭社会有效协同的工作方式。

江西省某高校学生在校园内湖中违规钓鱼，被没收"作案工具"

并警告。而后，校方进行调查研究、生态论证，作出了既不违背校规、又尊重学生兴趣爱好的决定：举办全校钓鱼大赛，每年一次（其他时间仍严禁湖中钓鱼）。此后，首届钓鱼大赛和大中小学思政课一体化建设论坛暨"中华优秀传统文化融入大中小学思政课"研讨会在该校相继举办。

……

人民群众的精神文化需求是多样化、多层次、多方面的，在实践中着眼于人、落脚于人，时时处处对标对表人民对美好生活的向往，才能不偏离工作的目标方向。习近平文化思想把文化建设摆在治国理政突出位置，不断追求增强人民群众文化获得感、幸福感，思想政治工作作为治党治国的重要方式，在文化建设中地位突出，不断提高科学化规范化制度化水平，才能充分调动一切积极因素，广泛团结一切可以团结的力量，更好地实践为人民服务。

（本文刊载于《思想政治工作研究》2024 年第 12 期，
执笔人：鞠海兵）

以文学之名汇文化强国之力

何以文学？文学何为？

泱泱华夏、巍巍中华，写不尽5000多年中华文明源远流长、写不尽960多万平方公里壮美辽阔、写不尽56个民族多样融合、写不尽14亿多中华儿女朝气蓬勃。

自古以来，我国知识分子就有"为天地立心，为生民立命，为往圣继绝学，为万世开太平"的志向和传统。新时代新征程，一切有理想、有抱负的作家和文学工作者都应该立时代之潮头、通古今之变化、发思想之先声，多向经典学习、多出精品之作，以文学之名为人类文明奉献独具魅力的色彩与声响。

"文章合为时而著，歌诗合为事而作。"任何一个时代的文学，只有同国家和民族紧密相连、休戚与共，才能发出振聋发聩的声音。文学在重要的历史时刻必须在场，作家在时代的伟大变革中不能失声，必须时刻为党和国家事业行稳致远、为中国人民创造历史鼓与呼。

"铁肩担道义，妙手著文章"。波澜壮阔的新时代，为文学繁荣发展提供了前所未有的历史机遇，这样的时代更呼唤伟大的文学作品去反映历史巨变、描绘精神图谱。为时代画像、为时代立传、为时代明德——这就是当今时代赋予中国作家的光荣历史使命。正如作家冯骥才所说，"应该追求勇担时代责任的文学。有责任的人生是有分量的，有责任的文学不会轻飘飘"。

新时代广大作家和文学工作者要牢记"国之大者"，心系民族复兴伟业，树立大历史观、大时代观，眼纳千江水、胸起百万兵，从时代之变、中国之进、人民之呼中发现创作主题、捕捉创作灵感、观照社会热点，积极反映中华民族的千年巨变，深刻揭示百年中国的人间正道，热忱描绘新时代新征程的精神气象，努力使文学成为新时代的号角。

人民是文学创作的源头活水。文艺创作方法有一百条、一千条，但最根本、最关键、最牢靠的办法是扎根人民、扎根生活。能不能搞出优秀作品，最根本的在于是否能为人民抒写、为人民抒情、为人民抒怀。

作家柳青扎根皇甫村 14 年深入到农民群众中，终成《创业史》，作家周立波回到家乡与人民同劳作、共甘苦，打造出《山乡巨变》……他们是人民的歌者，始终以充沛的人民情怀、坚定的人民立场，抒写人民生活、塑造人民主角，是为人民书写的杰出代表。

新时代广大作家和文学工作者要把深入生活、扎根人民作为创作的必修课，虚心向人民学习、向生活学习、向经典学习，从人民的伟大实践和丰富多彩的生活中汲取营养，把手中的笔和人民的脉搏心跳紧紧贴合在一起，记录人民开创历史的伟大实践，描绘人民丰富多彩的真实生活，展现人民昂扬向上的精神风貌，以生动的细节和艺术的表达塑造时代新人，书写生生不息的人民史诗。

"苟利于民，不必法古；苟周于事，不必循俗。"创新创造开辟了文学广阔的发展空间。鲁迅的《狂人日记》作为中国现代文学第一篇白话文小说，为文学发展注入不竭活力。进入新时代，推动文学从

"高原"迈向"高峰"，同样需要创新创造。茅盾文学奖获得者刘亮程的《本巴》将传统史诗的叙事逻辑进行了一次解构性再创，是新疆文学乃至中国文学多元发展和创新前行的有力证明。

当前，文化生产方式、传播方式和群众接受、欣赏习惯发生巨大转变，只有勇敢打破传统文学的界限，积极探索新媒介、新技术与新叙事的结合，才能打造出具有时代感和前瞻性的文学作品，文学的声音才能传得更远。李娟的散文集《我的阿勒泰》通过影视化改编打开了文学世界的"万花筒"，是一次里程碑式的大胆创新。

新时代广大作家和文学工作者要以开放的姿态主动融入现代传播格局，善于运用技术革新创新文学传播方式、强化文学价值延伸，重视向电影、电视、动漫、纪录片、微电影、网络微剧、网络短视频等多种形态文化产品接轨融合转化，助推作家"出镜"、作品"出圈"，拓展文学的影响受众，使优秀文学作品在"圈内圈外"、海内外产生广泛影响，更好地满足人民精神文化生活新期待。

当代中国，江山壮丽，人民豪迈，前程远大。让我们勇担新的文化使命、不负时代召唤和人民期待，创作出无愧于时代、无愧于人民、无愧于历史的精品佳作，努力攀登文学高峰，为不断推进文学事业繁荣发展，为建设社会主义文化强国，实现中华民族伟大复兴作出新的贡献！

（本文刊载于《思想政治工作研究》2024 年第 10 期，
执笔人：颜学静）

努力展现新时代思政课建设的
新气象新作为

百年树人，立德为先。思政课是落实立德树人根本任务的关键课程，在为党育人、为国育才过程中发挥着不可替代的重要作用。2024年5月，习近平总书记对学校思政课建设作出重要指示，为新时代新征程上的思政课建设谋篇布局、指明方向。回应坚持和发展中国特色社会主义理论和实践提出的大量亟待解决的新问题，思政课建设必须有新气象新作为。

展现新气象新作为，要坚持固本浚源、培根铸魂。办好思政课，最根本的是用习近平新时代中国特色社会主义思想铸魂育人。面对国际国内发展新形势、意识形态领域新态势，必须坚持思政课建设与党的创新理论武装同步推进，构建以习近平新时代中国特色社会主义思想为核心内容的课程教材体系，推动党的创新理论最新成果入脑入心。思政课的本质是讲道理，要坚守好魂脉和根脉，始终坚持马克思主义指导地位，以中国特色社会主义取得的举世瞩目成就为内容支撑，以中华优秀传统文化、革命文化和社会主义先进文化为力量根基，推动思政课建设内涵式发展。使思政课立时代之潮头、发思想之先声、强理论之供给，引导学生增强中国特色社会主义道路自信、理论自信、制度自信、文化自信，厚植爱国主义情怀。

展现新气象新作为，要坚持尊师重道、以德为基。"经师易求，人师难得"，办好思政课关键在教师。要着力建设一支政治强、情怀深、思维新、视野广、自律严、人格正的思政课教师队伍。思政课教师要心怀"国之大者"，带头坚定马克思主义信仰，自觉做先进思想文化的积极传播者，既用深厚的理论功底教育学生，也用坚定的信仰感召学生。"亲其师，才能信其道"。思政课是有言之教和无言之教的统一体，思政课教师要大力弘扬教育家精神，坚持以德立身、以德立学、以德施教，言为心声、行为世范。

展现新气象新作为，要坚持与时俱进、守正创新。党的二十大报告提出"推进教育数字化"，明确了未来教育数字化的新要求新任务，也为数字化赋能思政课建设指明了方向。思政课作为塑造灵魂、塑造生命、塑造新人的基础课程，要坚持因事而化、因时而进、因势而新，努力把道理讲深、讲透、讲活，打造学生真心喜爱、终身受益的"金课"。要善于充分利用新媒体平台的育人优势，切实让思政课活起来、潮起来、火起来，让"有意义"变得"有意思"，不断提高思政课的针对性和吸引力。

展现新气象新作为，要坚持整体谋划、一体推进。习近平总书记指出，"大思政课"我们要善用之，一定要跟现实结合起来。办好"大思政课"，不仅仅是教育部门和学校的事，也是各级党委、政府和社会各界的共同责任。要从为党育人、为国育才的高度，深刻认识办好"大思政课"的特殊重要性，将其作为党的建设和意识形态工作的标志性工程摆上重要议程，加强党对"大思政课"建设的全面领导，集合多元主体、整合多样资源、聚合多维场域，推动形成全党全社会共同努力办好"大思政课"的强大合力。

"国势之强由于人，人材之成出于学。"思政课建设关系千秋伟业后继有人，关系党和国家长治久安。新征程上，要把思政课建设摆上重要议程，狠抓工作落实，风雨无阻向前进，不断开创新时代思政教育新局面，努力培养更多让党放心、爱国奉献、担当民族复兴重任的时代新人。

（本文刊载于《思想政治工作研究》2024年第6期，

执笔人：何雨蔚）

让历史文脉更好地传承下去

万物有所生，而独知守其根。

中国文化源远流长，中华文明博大精深。保护住中华文脉的根源，让历史文脉更好地传承下去是我们这一代人的使命担当，更是造福子孙后代的重大举措。

"历史文化是城市的灵魂，要像爱惜自己的生命一样保护好城市历史文化遗产。""历史文化遗产承载着中华民族的基因和血脉，不仅属于我们这一代人，也属于子孙万代"……党的十八大以来，习近平总书记高度重视中华优秀传统文化保护传承工作，多次对历史文化遗产保护作出重要指示批示，为新时代加强历史文化遗产保护指明了前进方向、提供了根本遵循。

2024年初召开的全国宣传部长会议指出："要加强文化精品创作生产和文化遗产保护传承，推动文化事业和文化产业高质量发展。"历史告诉现在也启迪未来，保护好历经数千年而绵延不绝、迭遭忧患而经久不衰的中华文明，责任重大、使命光荣。

正确处理保护与发展的辩证关系。历史文化遗产是不可再生、不可替代的宝贵资源，要始终把保护放在第一位。按照保护第一、传承优先的理念，正确处理保护与发展的辩证关系，在保护中发展、在发展中保护。党的十八大以来，我国历史文化遗产保护利用和传承发展工作取得突破性进展和历史性成就，文物资源和文化遗产蕴含的创新创造基因被不断激活。截至 2024 年，我国共有各级非遗代表性项目 10 万余项，其中国家级非遗代表性项目 1557 项，43 个项目列入联合国教科文组织非遗名录（名册）；各级代表性传承人 9 万余名，其中国家级非遗代表性传承人 3056 名，中国世界遗产数量增至 57 项，为世界文化的多样性贡献了中国色彩。

着力构建大保护格局。加强历史文化遗产保护要积极健全保护机构，完善保护机制，筑牢法治保障。党的十八大以来，《关于加强文物保护利用改革的若干意见》《"十四五"非物质文化遗产保护规划》《"十四五"文物保护和科技创新规划》《关于让文物活起来、扩大中华文化国际影响力的实施意见》等文件相继出台，200 多部地方性文物保护法规颁布施行，历史文化遗产保护管理被纳入国土空间规划。在建立健全历史文化遗产资源资产管理制度方面，我国不断强化技术支撑，建设国家文物资源大数据库，统筹对相关领域文物资源普查、名录公布的指导，重点加强研究和利用，让历史说话、让文物说话。同时，着力加强文物保护和科研工作人才队伍建设，为他们开展研究、学习深造、研修交流搭建更好平台，不断改善他们的工作生活条件，提高科研队伍专业化水平。

加强文化遗产领域国际交流合作。习近平总书记向第三届文明交流互鉴对话会暨首届世界汉学家大会致贺信时指出："不同文明之间平等交流、互学互鉴，将为人类破解时代难题、实现共同发展提供强大的精神指引。"每一种文明都延续着一个国家和民族的精神血脉，既需要薪火相传、代代守护，更需要与时俱进、勇于创新。中华民族具有百万年的人类史、一万年的文化史、五千多年的文明史。中华文明具有突出的包容性，中国不断追求文明交流互鉴而不搞文化霸权，推动文明互鉴、加强文化遗产领域国际交流合作是中国一以贯之的追求。为践行全球文明倡议，中国不断作出尝试与努力，2023 年 4 月在陕西西安举办首届亚洲文化遗产保护联盟大会，连续举办三届文明交流互鉴对话会，加强中国考古领域国际交流合作等，都展现出中国在深化文明交流互鉴、推动文化遗产领域国际交流合作的诚意和担当，对推动构建人类命运共同体具有重要意义。

国家之魂，文以化之，文以铸之。守护好老祖宗留下的文化遗产功在当代、利在千秋。"泱泱中华，历史何其悠久，文明何其博大，这是我们的自信之基、力量之源。"习近平总书记关于文化遗产保护传承的重要论述坚定了我们在新的历史起点上继续推动文化繁荣、建设文化强国的必胜信念，也为我们走好民族复兴新征程注入了强大精神力量。

（本文刊载于《思想政治工作研究》2024 年第 2 期，
执笔人：苏鸿雁）

展现新气象　担当新作为

"新时代新征程，世界百年未有之大变局加速演进，中华民族伟大复兴进入关键时期，战略机遇和风险挑战并存，宣传思想文化工作面临新形势新任务，必须要有新气象新作为。"习近平总书记的重要指示，为新时代新征程宣传思想文化工作坚持守正创新，实现高质量发展指明了方向、提供了遵循。我们要认真学习领会、深入贯彻落实习近平总书记的重要指示精神，为推动宣传思想文化工作开创新局面作出更大贡献。

提高政治站位，切实增强做好新时代宣传思想文化工作的责任感使命感紧迫感。实现强国建设、民族复兴的宏伟目标，迫切需要统一思想、凝聚力量、坚定信心，振奋广大干部群众自信自强的精气神，凝聚起团结奋斗、勇毅前行的磅礴力量。宣传思想文化工作事关党的前途命运，事关国家长治久安，事关民族凝聚力和向心力，是一项极端重要的工作。全国宣传思想文化工作会议正式提出和系统阐述了习近平文化思想，这是时代所趋、事业所需、党心所向、民心所盼，为我们担负起新的文化使命提供了强大思想武器和科学行动指南，在党的宣传思想文化事业发展史上具有里程碑意义。我们要全面贯彻落实党的二十大关于文化建设的战略部署，聚焦用党的创新理论武装全党、教育人民这个首要政治任务，围绕在新的历史起点上继续推动文化繁荣、建设文化强国这一新的文化使命，不断增强工作能力本领、提高工作质量效能。要以钉钉子精神落实各项任务要求，为全面建设社会主义现代化国家、全面推进中华民族伟大复兴提供坚强思想保证、强大精神力量、有利文化条件。

把握内涵要义，努力推动习近平文化思想入脑入心入行。习近平文化思想视野宏大、立意高远、思想深邃、内涵丰富，是新时代党领导文化建设实践经验的理论总结，丰富和发展了马克思主义文化理论，构成了习近平新时代中国特色社会主义思想的文化篇，标志着我们党对中国特色社会主义文化建设规律的认识达到了新高度，表明我们党的历史自信、文化自信达到了新高度。我们要把习近平文化思想的学习作为一项长期政治任务，着力在真学真懂真信真用、深化内化转化上下功夫，做到全员覆盖、应学尽学。要坚持学深悟透，做到知其言更知其义、知其然更知其所以然，引导广大干部群众深刻领悟"两个确立"的决定性意义，增强"四个意识"、坚定"四个自信"、做到"两个维护"。要坚持学用贯通、以学促干，把习近平文化思想的学习与工作实际紧密结合起来，努力掌握贯穿其中的立场观点方法，切实把学习成效转化为做好宣传思想文化工作、推动高质量发展的实际效能，更好地用以武装头脑、指导实践、推动工作。

强化责任担当，始终做到知责于心、担责于身、履责于行。使命任务越艰巨，风险挑战越严峻，越需要强烈的责任担当。要加强党对宣传思想文化工作的全面领导，落实政治责任，勇于改革创新，强化法治保障，建强干部人才队伍，为担负起新的文化使命提供坚强政治保证。要把做好宣传思想文化工作作为重大政治责任抓在手上、扛在肩上，切实做到守土有责、守土负责、守土尽责，确保党中央关于文化建设的决策部署落到实处。要持续加强对习近平文化思想的学习、研究、阐释，并自觉贯彻落实到宣传思想文化工作各方面和全过程。要严格落实意识形态工作责任制，筑牢意识形态安全防线，切实把做好宣传思想文化工作的责任落实到位。

击鼓催征稳驭舟，奋楫扬帆启新程。我们要坚持以习近平新时代中国特色社会主义思想为指导，深入学习贯彻习近平文化思想，认真贯彻落实全国宣传思想文化工作会议精神，坚决扛起新时代新的文化使命，在建设社会主义文化强国的奋斗和实践中展现新气象新作为。

（本文刊载于《思想政治工作研究》2024 年第 1 期，执笔人：孙强）

高扬思想之旗　汇聚奋进之力

2024年10月召开的全国宣传思想文化工作会议最重要的成果就是正式提出和系统阐述了习近平文化思想。此后召开的学习贯彻习近平文化思想座谈会强调，要"坚持以习近平文化思想为引领，开创新时代宣传思想文化工作新局面"。我们要认真学习贯彻习近平文化思想和习近平总书记对宣传思想文化工作的重要指示，为全面推进强国建设、民族复兴伟业提供坚强思想保证、强大精神力量、有利文化条件。

做好新时代宣传思想文化工作必须深刻领悟习近平文化思想。一切伟大的实践，都需要科学理论的正确指引。宣传思想文化工作事关党的前途命运，事关国家长治久安，事关民族凝聚力和向心力，是一项极端重要的工作，必须以科学理论为指导。党的十八大以来，宣传思想文化工作之所以取得历史性成就，最根本就在于有习近平总书记领航掌舵，有习近平新时代中国特色社会主义思想科学指引。习近平文化思想是习近平新时代中国特色社会主义思想的重要组成部分，是对我们党领导文化建设伟大实践的理论总结和理论升华，不仅体现了与时俱进的理论创新品质，更加彰显了海纳百川的包容气度，既有文化理论观点上的创新和突破，又有文化工作布局上的部署要求，为我们提供了强大思想武器和科学行动指南。我们必须全面学习领会、坚决贯彻落实，把学习研究阐释习近平文化思想作为重要政治任务，既准确理解其中的重要概念和提法，又加强系统性、整体性把握，吃透基本精神，领会核心要义，明确实践要求，做到学有所悟、融会贯通，切实把这一重要思想贯彻落实到宣传思想文化工作各方面和全过程。

做好新时代宣传思想文化工作必须更加坚定文化自信。文化是一个国家、一个民族的灵魂。没有先进思想文化的积极引领，没有人民精神世界的极大丰富，没有民族精神力量的不断增强，一个国家、一个民族就不可能屹立于世界民族之林。党的十八大以来，习近平总书记将文化自信摆在治国理政的突出位置，以中华优秀传统文化涵养社会主义核心价值观，凝聚共识、汇聚力量。全党全国各族人民文化自信明显增强、精神面貌更加奋发昂扬。迈上新征程，我们必须围绕在新的历史起点上继续推动文化繁荣、建设文化强国这一新的文化使命，牢牢把握"七个着力"重大要求，着力加强党对宣传思想文化工作的领导，着力建设具有强大凝聚力和引领力的社会主义意识形态，着力培育和践行社会主义核心价值观，着力提升新闻舆论传播力、引导力、影响力、公信力，着力赓续中华文脉、推动中华优秀传统文化创造性转化和创新性发展，着力推动文化事业和文化产业繁荣发展，着力加强国际传播能力建设、促进文明交流互鉴，不断开创新时代宣传思想文化工作新局面。

做好新时代宣传思想文化工作必须增强责任感使命感。当前，世界百年未有之大变局加速演进，中华民族伟大复兴进入关键时期，我国发展面临着新的战略机遇、新的战略任务、新的战略阶段、新的战略要求、新的战略环境，需要应对的风险挑战、解决的矛盾问题、战胜的困难阻力，比以往任何时候都更加错综复杂。宣传思想文化战线肩负着为全面建设社会主义现代化国家、全面推进中华民族伟大复兴提供坚强思想保证、强大精神力量、有利文化条件的重要职责。重任在肩、使命光荣。必须把做好宣传思想文化工作作为重大政治责任扛在肩上，聚焦用党的创新理论武装全党、教育人民这个首要政治任务，在深化理论武装上下功夫，在提高舆论引导能力上下功夫，在改进创新精神文明建设上下功夫，在促进文化繁荣上下功夫，在增强国际传播效能上下功夫，在防范化解意识形态风险上下功夫，不断增强工作能力本领，提高工作质量效能，在建设社会主义文化强国的奋斗和实践中展现新气象新作为。

宏伟目标，令人鼓舞；伟大征程，催人奋进。我们要在习近平新时代中国特色社会主义思想科学指引下，深入学习贯彻习近平文化思想，在实践创造中进行文化创造，在历史进步中实现文化进步，不断铸就中华文化新辉煌、谱写民族复兴新华章！

（本文刊载于《思想政治工作研究》2023 年第 12 期，执笔人：闫宏伟）

引领文化方向　谱写文明新篇

全国宣传思想文化工作会议正式提出并深刻阐释了习近平文化思想。会议指出，习近平文化思想具有很强的政治性、思想性、指导性，为做好新时代新征程宣传思想文化工作、担负起新的文化使命提供了强大思想武器和科学行动指南。进入新时代以来，我国意识形态领域形势发生全局性、根本性转变，宣传思想文化事业取得历史性成就，这正是因为有习近平总书记领航掌舵，有习近平新时代中国特色社会主义思想科学指引。要深入学习、研究、阐释、贯彻习近平文化思想，深刻认识其思想伟力和重大意义。

深刻认识这一重要思想是习近平新时代中国特色社会主义思想的文化篇，标志着我们党对中国特色社会主义文化建设规律的认识达到了新高度、党的历史自信和文化自信达到了新高度。从文明蒙尘到民族复兴，新的文化思想理论激活了中华文化强大的文化基因，焕发了新的生命力。中华文明蕴含的价值观、世界观、宇宙观、人生观博大精深、历久弥新，为人类破解时代难题、推动构建人类命运共同体提供重要指引。习近平文化思想的提出和不断完善，从政治全局、历史纵深、全球视野观之，"以古人之规矩，开自己之生面"，让古老文明的智慧孕育出绚丽的现代文化发展与建设方略；通过"第二个结合"，让建设中华民族现代文明的"根脉"生机勃勃，更广泛地汇聚起强国建设、民族复兴的磅礴力量。

深刻认识这一重要思想是新时代党领导文化建设实践经验的理论总结，体现了理论和实践的结合、历史与现实的贯通、国内与国际的统一，凸显了鲜明的真理性、实践性、人民性、开放性。当今世界百年未有之大变局加速演进，中华民族伟大复兴进入关键时期，战略机遇和风险挑战并存。宣传思想文化工作面临新形势新任务，必须要有新气象新作为。在准确把握世界范围内思想文化相互激荡、我国社会思想观念深刻变化的趋势下，习近平新时代中国特色社会主义思想的文化篇应运而生。习近平文化思想深刻洞察时代本质，科学回答时代之问，主动引领时代潮流，弘扬中华优秀传统文化，继承革命文化，发展社会主义先进文化，借鉴吸收人类一切优秀文明成果，为马克思主义文化理论注入新的源头活水，展现出人类文明新形态的思想光辉。

深刻认识这一重要思想以马克思主义立场观点方法、文化理论观点上的创新突破、文化工作布局上的部署要求，对新时代文化建设重要课题作出科学有力的回答。习近平文化思想是一个不断展开的、开放式的思想体系。"本立而道生"，站稳中华文化立场这个根本，新时代的文化建设就能随着实践深入而不断丰富发展。习近平文化思想作为习近平新时代中国特色社会主义思想的重要组成部分，内容丰富、内涵深刻，既有文化理论观点上的创新和突破，又有文化工作布局上的部署和要求，深刻体现了习近平新时代中国特色社会主义思想的世界观和方法论以及贯穿其中的立场观点方法。习近平文化思想明体达用、体用贯通，既讲出了当代中国文化发展的大本大源与精髓要义，又作出了当代中国文化建设的战略部署，引领中国共产党和中国人民更加坚定文化自信基础上的道路自信、理论自信、制度自信，激发出更为主动的精神力量。

担负起新的文化使命，要学深悟透、笃信笃行习近平文化思想这一强大思想武器和科学行动指南，持续加强学习、研究、阐释并自觉贯彻落实到宣传思想文化工作各方面、全过程，以钉钉子精神落细落实，展现新气象新作为，共同创造属于我们这个时代的新文化。

（本文刊载于《思想政治工作研究》2023 年第 11 期，执笔人：何雨蔚）

大力弘扬教育家精神

国将兴，必贵师而重傅。

2023 年 9 月 9 日，习近平总书记致信全国优秀教师代表，首次提出并深刻阐释了教育家精神的丰富内涵和实践要求，饱含深情、催人奋进。这鲜明体现了以习近平同志为核心的党中央对教育事业和教师队伍的高度重视与深厚情怀，充分彰显了习近平总书记对教育高质量发展的深邃智慧，为打造新时代教师队伍、推进教育高质量发展，提供了新的遵循。

"心有大我、至诚报国的理想信念，言为士则、行为世范的道德情操，启智润心、因材施教的育人智慧，勤学笃行、求是创新的躬耕态度，乐教爱生、甘于奉献的仁爱之心，胸怀天下、以文化人的弘道追求"——这就是中国特有的教育家精神，是一种底色、一种境界，更是一种追求、一种使命。它根植于中华民族几千年优秀文化尊师重教的深厚沃土，依托于中国特色社会主义教育实践的鲜活经验，立足于教育强国、民族复兴的时代诉求和历史使命，逻辑与历史相统一、理论与实践相结合、传统与现代相融通，底蕴深厚、意义深远。

在精神引领中推动打造高水平教师队伍。师也者，教之以事而喻诸德也。教师是立教之本、兴教之源。一代代优秀的教育家，陶行知、黄大年、于漪、张桂梅……无不用实际行动诠释着教育家精神，无不用耀眼的人格光芒感召着广大教育者。人无精神不立，国无精神不强。以教育家精神为导向，1800多万名教师的前行方向就会被紧紧锚定，如灯塔般指引每一位教育者思索教育的路标、奋斗的航向。以教育家精神为引领，必将更好激发每一位教育者更深沉、更持久的内在动力和自我驱动力，以更加奋发有为的状态迸发出强大教书育人能量。要大力弘扬教育家精神，持续锻造出更多"经师"和"人师"相统一的"大先生"，为造就一支师德高尚、业务精湛、结构合理、充满活力的高素质教师队伍注入源源不断的强大引领力和推动力。

在回应时代呼唤中助力教育强国建设。国势之强由于人，人材之成出于学。党的二十大报告提出建设教育强国的战略目标，把教育科技人才单独成章进行布局，吹响了加快建设教育强国的号角。在这样的时代背景下，厘清教育家精神的内涵和要求愈发重要。教育家精神的提出郑重而庄严地回答了"教育是什么"，明确教育"为谁培养人""培养什么人"以及"如何培养人"，进一步激励广大教育者按教育规律办学育人，促进教育改革转型遵道而行，办好人民满意的教育。要大力弘扬教育家精神，加快推进教育现代化和教育体系建设，不断推动教育强国建设实现高质量发展，以教育之强夯实国家富强之基。

在涵育时代新人中勇担民族复兴使命。建国君民，教学为先。当今世界综合国力竞争归根到底是人才竞争，人才越来越成为推动经济社会发展的战略性资源。今天的学生就是未来实现中华民族伟大复兴中国梦的主力军，广大教师就是打造这支中华民族"梦之队"的筑梦人，使命光荣、重任在肩。当前，我国正处于中华民族伟大复兴的关键时期，比以往任何时候都更迫切需要躬耕教坛的师者应时代之变迁、立时代之潮头、育时代之新人。要大力弘扬教育家精神，激励1800多万名教师持之以恒奔赴在民族复兴的道路上，更好担当为党育人、为国育才的初心和使命，造就更多可堪大用、能担重任的栋梁之才，为全面推进中华民族伟大复兴提供有力智慧支撑。

百年大计，教育为本。新征程上，让我们全面贯彻党的教育方针，大力弘扬教育家精神，立德树人、培根铸魂、久久为功，为强国建设、民族复兴伟业作出新的更大贡献。

（本文刊载于《思想政治工作研究》2023 年第 10 期，
执笔人：颜学静）

赓续历史文脉　谱写当代华章

习近平总书记在文化传承发展座谈会上发表的重要讲话，从党和国家事业发展全局的战略高度，对中华文化传承发展的一系列重大理论和现实问题作了全面系统深入的阐述，为我们坚定文化自信自强、更好担负起新的文化使命、扎实推进社会主义文化强国建设，指明了前进方向、提供了根本遵循。

文化关乎国本、国运。每一种文明都延续着一个国家和民族的精神血脉，既要薪火相传、代代守护，更要与时俱进、勇于创新。赓续历史文脉、谱写当代华章，是新时代宣传思想工作者必须承担的职责和使命。

赓续历史文脉、谱写当代华章，要深刻把握中华文明的突出特性。中华文化源远流长，中华文明博大精深。中华文化积淀着中华民族最深层的精神追求，凝聚成中华民族独特的精神标识，为中华民族生生不息、发展壮大提供了丰厚滋养。中华优秀传统文化中的诸多元素，如天下为公、天下大同的社会理想，民为邦本、为政以德的治理思想，九州共贯、多元一体的大一统传统，修齐治平、兴亡有责的家国情怀，厚德载物、明德弘道的精神追求，富民厚生、义利兼顾的经济伦理，天人合一、万物并育的生态理念，实事求是、知行合一的哲学思想，执两用中、守中致和的思维方法，讲信修睦、亲仁善邻的交往之道……正是这些元素共同塑造了中华文明的连续性、创新性、统一性、包容性、和平性。只有全面深入了解中华文明的历史、深刻把握中华文明的独特性，才能更有效地推动中华优秀传统文化创造性转化、创新性发展，更有力地推进中国特色社会主义文化建设。

赓续历史文脉、谱写当代华章，要深刻把握"两个结合"的重大意义。在五千多年中华文明深厚基础上开辟和发展中国特色社会主义，把马克思主义基本原理同中国具体实际、同中华优秀传统文化相结合是必由之路。"第二个结合"是又一次的思想解放，为我们掌握思想和文化主动、建设社会主义文化强国指明了方向。中华优秀传统文化是中华民族的精神之根，其中蕴含的宇宙观、天下观、社会观、道德观、价值观，同马克思主义的哲学世界观和科学社会主义的价值观具有高度契合性。"结合"的前提是彼此契合，"结合"的结果是互相成就，"结合"筑牢了道路根基，"结合"打开了创新空间。马克思主义作为中国共产党人的信仰之本，只有扎根于本国、本民族的历史文化沃土之中，才能枝繁叶茂、焕发出生机活力。"结合"的方法论是要始终把马克思主义思想精髓同中华优秀传统文化精华贯通起来、同人民群众日用而不觉的共同价值观念融通起来，不断赋予科学理论鲜明的中国特色。只有以马克思主义为指导，扎根于中华优秀传统文化，才能坚定历史自信、文化自信，塑建当代中华民族的文化主体性，赋予中华优秀传统文化以时代内涵、人民底色，不断铸就中华文化新辉煌。

赓续历史文脉、谱写当代华章，要深刻把握新时代新的文化使命。对历史最好的继承，就是创造新的历史；对人类文明最大的礼敬，就是创造人类文明新形态。党的十八大以来，以习近平同志为核心的党中央在推进治国理政的实践中，把文化建设摆在全局工作的重要位置，推动我国文化建设取得历史性成就、发生历史性变革。习近平总书记准确把握世界范围内思想文化相互激荡、我国社会思想观念深刻变化的趋势，不断深化对文化建设的规律性认识，提出一系列新思想新观点新论断，是新时代党领导文化建设实践经验的理论总结，是做好宣传思想文化工作的根本遵循，必须长期坚持贯彻、不断丰富发展。新征程上，担负起新的文化使命，要坚定文化自信，立足中华民族伟大历史实践和当代实践，用中国道理总结好中国经验，把中国经验提升为中国理论，实现精神上的独立自主，为民族复兴立根铸魂；要秉持开放包容，坚持马克思主义中国化时代化，传承发展中华优秀传统文化，促进外来文化本土化，不断培育和创造新时代中国特色社会主义文化；要坚持守正创新，以守正创新的正气和锐气，继续推进"两个结合"、谱写当代华章，为实现中华民族伟大复兴提供更加蓬勃、浩然、主动的精神力量。

（本文刊载于《思想政治工作研究》2023年第7期，

执笔人：孙强）

以数字化为宣传思想文化工作赋能

党的十八大以来，习近平总书记多次强调，"人在哪儿，宣传思想工作的重点就在哪儿"。网络空间已经成为人们生产生活的新空间，也应该成为我们党凝聚共识的新空间。要充分发挥好数字化在宣传思想文化工作中的重要作用，牢牢占据舆论引导、思想引领、文化传承、服务人民的传播制高点。

以数字化为宣传思想文化工作赋能，是做好新时代宣传思想文化工作的必然选择。当今时代，信息技术创新日新月异，以大数据、人工智能等为代表的数字技术在推动经济社会发展、促进国家治理体系和治理能力现代化，以及满足人民日益增长的美好生活需要方面发挥着越来越重要的作用。党的十八大以来，习近平总书记放眼未来、顺应大势，结合我国发展实际，围绕数字经济发展、数字政府建设、数字化改革等提出了一系列战略性、前瞻性、创造性的重要论述，深刻阐明了数字化发展的趋势和规律。数字化赋能宣传思想文化工作是大势所趋，不以主观意志为转移，在数字化环境下，将对宣传思想文化工作的手段、路径、措施带来革命性甚至是颠覆性的影响，数字化也将成为宣传思想文化工作守正创新的关键抓手。必须紧紧抓住数字化、信息化迅速发展的历史机遇，善用信息革命成果，增强能动性，为开展宣传思想文化工作提供强大的驱动力，加快构建融为一体、合而为一的宣传思想文化工作大格局。

以数字化为宣传思想文化工作赋能，必须推动主力军全面挺进主战场。一定要增强阵地意识，牢牢把握互联网这个重要舆论阵地，推动主力军全面挺进互联网主战场，以互联网思维优化资源配置，把更多优质内容、先进技术、专业人才、项目资金向互联网主阵地汇集、向移动端倾斜，让分散在网下的力量尽快进军网上、深入网上，做大做强网络平台，占领新兴传播阵地。必须广泛动员各条战线、各个部门加速进入互联网主战场，让正能量有大体量；必须加大信息技术研发力度，突破功能界限，提高宣传思想文化工作的时效性、针对性、延续性。

以数字化为宣传思想文化工作赋能，必须运用数字技术对宣传思想文化工作进行优化升级。数字化不是简单的"宣传思想文化＋互联网"，而是以宣传内容为核心与以技术平台为基础的"有机体"，注重发挥数字内容生产的优势特长，用好5G、大数据、云计算、物联网、区块链、人工智能等信息技术革命成果，在理论宣传普及、媒体深度融合、精神文明建设、文化产品供给、网络综合治理等各领域各环节广泛融入新技术新手段，推进文化领域治理体系和治理能力现代化。注重网络内容建设，通过数字化改造建立充实思想理论资源数据库；运用大数据加强互联网舆情监测预警、分析研判和应急处置，提高网络舆情分析的准确度和精确度；大力发展网络文艺，鼓励文化单位和广大网民依托网络平台依法进行文化创作表达，推出更多创意精彩、技术精湛、制作精良的网络文学、综艺、影视等数字出版产品，发展积极健康的网络文化；加强文化数字化基础设施和服务平台建设，构建文化数字化治理体系，构建物理分布、逻辑关联、快速链接、高效搜索、全面共享、重点集成的国家文化大数据体系。

以数字化为宣传思想文化工作赋能，必须始终坚持正确方向导向。数字化不仅是技术、平台与传播方式的全方面融合，更是思想内容与人文精神的高度融合，必须牢牢把握"正能量是总要求、管得住是硬道理、用得好是真本事"的基本原则，顺势而为、因势利导、趋利避害，全面提高驾驭数字化的能力和本领。始终坚持以社会主义核心价值观为引领，坚守中华文化立场，传播正确的历史观、民族观、国家观、文化观，弘扬中华优秀传统文化、革命文化和社会主义先进文化，讲好中国故事、弘扬中国价值、体现中国精神，让积极健康向上的优质内容成为数字内容的主流，营造风清气正的网络环境。

没有数字化，就没有未来。我们要以数字化为宣传思想文化工作赋能，打造宣传"大平台"，不断开辟宣传思想文化工作新局面。

（本文刊载于《思想政治工作研究》2023 年第 2 期，执笔人：闫宏伟）

新时代　新作为

　　本篇共收录 13 篇文章。锚定中国式现代
化的动力引擎，筑牢战略自信的根本立场，既
凝聚精神力量，又夯实思想根基，勾勒出新时
代赶考路上的行动图谱，彰显踔厉奋发的使命
担当。

执其枢要满盘活

——深刻理解"加快形成新质生产力"

"要牢牢把握高质量发展这个首要任务，因地制宜发展新质生产力。"2024 年全国两会期间，习近平总书记在参加江苏代表团审议时，如是强调。

新质生产力，这是一个哲学性和实践性兼具的新词热词。

恩格斯指出："一门科学提出的每一种新见解都包含这门科学的术语的革命。"党的十八大以来，习近平经济思想提出了从新阶段、新理念、新格局，到高质量发展、新质生产力在内的一系列新命题新范畴，大大推动了马克思主义政治经济学的创新发展，为推动中国经济高质量发展、赢得发展主动权提供了科学的理论指引和持久的实践动能。

发展新质生产力，又是一片加力提速、动能澎湃的火热场景。

全国两会之后，各地方各行业纷纷加快研究谋划、落实推进相关规划和项目。上海坚持以科技创新推动产业创新，聚焦智能化、绿色化、融合化，加快建设现代化产业体系，大力发展新质生产力；海南聚焦生物育种、海洋观测、卫星大数据应用等重点领域开展技术攻关，培育新质生产力……

信息通信业以数据为新生产要素、人工智能为新生产工具、算力为新基础能源，推动自身形成新质生产力，同时赋能千行百业数字化转型，改造提升传统产业，推动生产力实现质的跃升；农业领域以科技创新为驱动，改造升级传统农业和促进一二三产业融合发展，大力提升农业全要素生产率，加快形成数字化、智能化、绿色化的新质生产力……

新质生产力，还是一个急需透彻解读和深入理解的科学理论。

我们不仅要认真学习习近平总书记关于新质生产力的重要论述，更要将它放回习近平新时代中国特色社会主义思想的科学体系中，按照"六个必须坚持"的框架指引，运用这一思想包含的世界观、方法论和贯穿其中的立场观点方法，不断深化学习、改进工作。

一

丛林开蒙密，江山得枢要。

马克思、恩格斯在《共产党宣言》中，宣告了社会生产力是推动人类历史前进的根本动力，从而与"旧生产力理论"划清了界限，标志着马克思主义的诞生。

《共产党宣言》是全世界无产者共同的政治纲领，中国共产党是它的忠实传人。中国共产党始终坚持运用发展的马克思主义生产力理论指导中国社会主义事业。

社会主义革命和建设时期，毛泽东同志指出，"社会主义革命的目的是为了解放生产力"，提出"集中力量发展社会生产力，实现国家工业化，逐步满足人民日益增长的物质和文化需要"的主要任务。

改革开放和社会主义现代化建设新时期，邓小平同志将"解放和发展生产力"作为社会主义本质，并提出"生产力标准""科学技术是第一生产力"等重要理论。

进入新时代，习近平总书记深刻把握国内外经济发展形势的变化，洞悉劳动者、劳动工具和劳动对象这生产力三要素的前沿发展，回应新时代科技革命大潮，将马克思主义生产力理论的"一般原理"同中国具体实际相结合，守正创新提出"加快形成新质生产力"。

从在地方考察时提出"新质生产力"的重大概念，到中央经济工作会议强调"发展新质生产力"，到中央政治局集体学习进行系统阐述，再到全国两会期间进一步阐释发展新质生产力的方法论，习近平总书记通过一堂堂鲜活生动的"公开课"，向全党全社会讲活讲透了什么是新质生产力、为什么要发展新质生产力、怎样发展新质生产力、要把握哪些要点和避免怎样的失误等重大理论和实践问题。

"学习马克思，就要学习和实践马克思主义关于生产力和生产关系的思想。"[1]

习近平总书记关于新质生产力的深刻论述，丰富和发展了马克思主义生产力理论，是马克思主义生产力理论中国化时代化的最新成果，开拓了马克思主义政治经济学新境界，标志着我们党关于生产力的认识实现了又一次飞跃，对破解发展难题、增强发展动力、厚植发展优势具有重大意义。

---

[1] 《习近平著作选读》第二卷，人民出版社 2023 年版，第 162 页。

二

江山就是人民，人民就是江山。

发展为了人民，是马克思主义政治经济学的根本立场。中国共产党自诞生之日起，就把为中国人民谋幸福、为中华民族谋复兴作为自己的初心使命。

旧中国半殖民地半封建的社会性质严重束缚生产力发展，人民生活在水深火热之中，中国共产党带领广大人民实现新民主主义革命的胜利，进行社会主义革命和建设，解放并恢复了生产力。土地改革创造农业经济恢复奇迹，1949 年至 1952 年，农业总产值增长 48.59%；集中资源进行工业化建设，为生产力加速发展奠定坚实基础，人民基本生活得到保障。

党的十一届三中全会前后，中国基本建立起了独立的比较完整的工业体系和国民经济体系，中国共产党带领中国人民"以经济建设为中心"，实行改革开放，生产力加速发展。1984 年至 1992 年，工业增加值由 2789 亿元增至 10284.5 亿元，主要工业品产量世界排名上升，人民生活水平逐步提高。

进入新时代，习近平总书记作出郑重承诺："人民对美好生活的向往，就是我们的奋斗目标。"党的十八大以来，以习近平同志为核心的党中央，从社会主要矛盾变化出发，坚持以人民为中心，历史性地解决了绝对贫困问题，人民生活水平不断提升，智能家电产品市场空间广阔，"懒人"产品受到青睐；无人驾驶汽车技术发展愈发成熟，"聪明的车"提升通行效率；文娱旅游成为新的消费增长点，旅游消费展现出蓬勃生机。

社会生产发展，居民消费结构升级，人们青睐科技含量高的产品，渴望绿水青山的生活环境，社会的发展呼唤着生产力的进步，新质生产力应运而生。新质生产力是符合新发展理念的先进生产力质态，本身就是绿色生产力，为高质量发展注入强大动力。加快形成新质生产力，推动高质量发展，让"人民群众的获得感成色更足、幸福感更可持续、安全感更有保障"①。

三

"自信人生二百年，会当水击三千里。"这是中国共产党人的风骨和浪漫。

回顾近代百年屈辱史，中国逐步成为半殖民地半封建社会，国家蒙辱、人民蒙难、文明蒙尘，中国无数先进分子纷纷寻求国家救亡图存之法但均以失败告终，很大程度上是因为清朝政府面对列强的长枪短炮丢失了自信，放弃了自立自主，签订一系列不平等条约，割地赔偿直至将国家的前途命运交予他人之手、任人宰割。

打开风云激荡、波澜壮阔的党史长卷，中国共产党团结带领人民在千回百转中探寻出路，在千难万险中勇毅前行，在千辛万苦中夺取胜利，迎来中华民族从站起来、富起来到强起来的伟大飞跃，迈向中华民族伟大复兴的康庄大道，靠的正是无比坚定的自信自立。

---

① 《习近平著作选读》第二卷，人民出版社 2023 年版，第 139 页。

马克思主义唯物辩证法认为，内因是事物自身运动的源泉和动力，是推动事物发展的根本原因。"党的百年奋斗成功道路是党领导人民独立自主探索开辟出来的，马克思主义的中国篇章是中国共产党人依靠自身力量实践出来的"①。

进入新时代，习近平总书记郑重指出"走自己的路，是党的全部理论和实践立足点"。在复杂多变的国内外形势下，我们党始终重视自信自立，强调坚持中国特色社会主义道路自信、理论自信、制度自信、文化自信，强调坚持独立自主、自力更生。

以习近平同志为核心的党中央科学把握发展大势，坚持自信自立，不断解放和发展社会生产力。粮食产量、谷物自给率稳定在国际粮食安全标准以上，种业科技自立自强、种源自主可控，粮食综合生产能力不断提升，粮食产量连续 9 年稳定在 1.3 万亿斤以上；重要能源矿产资源保障有力，组织实施找矿突破战略行动，形成了一批重要矿产资源战略接续区，勘查开发的矿种达 173 种，能源资源安全自主保障水平不断提升；科技自立自强加快推进，关键核心技术实现突破，"九章"量子计算原型机、新一代"人造太阳"等基础前沿设施相继问世，5G 移动通信技术实现规模化应用。

四

科技赋能发展，创新决胜未来。

---

① 《习近平著作选读》第一卷，人民出版社 2023 年版，第 16 页。

中国共产党始终重视发挥科学技术的重要作用，从"不搞科学技术，生产力无法提高"到"科学技术是第一生产力"，再到习近平总书记提出"科技创新能够催生新产业、新模式、新动能，是发展新质生产力的核心要素"，我们党对于"科学技术对生产力发展的推动引领作用"的认识不断加深。新质生产力以科技创新为基础，代表着生产力水平的跃迁，加快形成新质生产力就一定要做好科技创新这篇大文章。

进入 21 世纪以来，新一轮科技革命和产业变革加速演进，正在重构全球创新版图，新产业新业态新模式不断催生，特别是战略性新兴产业和未来产业是各国竞争的新赛道，也是发展新质生产力的主阵地。

2023 年印发的《新产业标准化领航工程实施方案（2023—2035年)》，统筹推进新一代信息技术、新能源、新材料、新能源汽车等八大新兴产业，元宇宙、脑机接口、人形机器人等九大未来产业标准化布局。支撑产业科技创新体系建设，抢抓新一轮科技革命和产业变革机遇，培育发展新质生产力的新动能，加速科技成果向现实生产力转化。

"发展新质生产力不是要忽视、放弃传统产业"，而是要"以科技创新为引领，统筹推进传统产业升级、新兴产业壮大、未来产业培育"。① 传统产业具有深厚历史积淀和成熟工艺体系，在制造业中占比超过 80%，与人民生活密切相关，对国民经济意义重大。2023 年，我国制造业增加值占全球比重近 30%，制造业规模和多项工业品产量均居世界第一。从新能源汽车加速发展，到太阳能光伏世界领先，我国

---

① 《因地制宜发展新质生产力》，《人民日报》2024 年 3 月 6 日。

多领域关键技术的突破推动产业升级，科技创新赋能传统产业焕发新生机。

五

"与时代同步伐，与人民共命运，关注和回答时代和实践提出的重大课题，是马克思主义永葆生机活力的奥妙所在。"①

70 多年前，面对一穷二白的新中国，中国共产党敢于直面问题，采取果断措施、迅速恢复经济。40 多年前，面对生活贫困的人民，中国共产党总结教训，实行改革开放。改革开放的历史，是一部不断发现问题、解决问题的历史，改革推进过程就是不断解决问题的过程，问题导向是改革开放的宝贵经验。

"要有强烈的问题意识，以重大问题为导向，抓住关键问题进一步研究思考，着力推动解决我国发展面临的一系列突出矛盾和问题。"②

加快形成新质生产力，既是发展命题，也是改革命题。习近平总书记指出，"发展新质生产力，必须进一步全面深化改革，形成与之相适应的新型生产关系"。改革开放以来，我国经济社会发展取得重大成就，根本原因就是我们自觉通过调整生产关系激发社会生产力发展活力。加快形成新质生产力，要深化经济体制、科技体制等改革，

① 习近平：《学习马克思主义基本理论是共产党人的必修课》，《求是》2019 年第 22 期。
② 《习近平著作选读》第一卷，人民出版社 2023 年版，第 161 页。

疏通新质生产力发展的堵点卡点，构建与新质生产力发展相适应的新型生产关系；建设高效规范、公平竞争、充分开放的全国统一大市场，打破行政性垄断和地方保护，建立高标准市场体系；创新生产要素配置方式，让各类先进优质生产要素向发展新质生产力顺畅流动和高效配置，使我国发展的巨大潜力和强大动能得到释放，塑造发展新动能新优势。

六

不谋全局者，不足谋一域。

马克思主义认为，事物是普遍联系的，事物与事物内部诸要素之间相互依赖、相互制约、相互影响、相互作用。生产力作为人类社会发展和进步的最终决定力，是社会基本矛盾运动中最基本的动力因素，它始终处在系统、整体和全局当中。加快形成新质生产力，也要坚持用系统观念去认识和推动。

系统观念始终贯穿于我们党领导中国式现代化的历史进程中。革命战争年代，毛泽东同志特别强调运用"全局性"思想认识中国革命问题，提出"战略问题是研究战争全局的规律的东西"；社会主义建设时期，提出在社会主义建设过程中要处理好"十大关系"；党的十一届三中全会后，邓小平同志指出，"要提倡顾全大局"，多领域、全方面推进社会主义现代化建设。习近平总书记多次指出，在任何工作中，我们既要讲两点论，又要讲重点论，我们既要注重总体谋划，又要注重牵住"牛鼻子"。

进入新时代，加快形成新质生产力、推动高质量发展成为经济社会发展的新课题和新任务。习近平总书记在黑龙江考察时强调，"整合科技创新资源，引领发展战略性新兴产业和未来产业，加快形成新质生产力"；在天津考察时提出，"天津作为全国先进制造研发基地，要发挥科教资源丰富等优势，在发展新质生产力上勇争先、善作为"，"加强与北京的科技创新协同和产业体系融合"；在湖南考察时指出，"统筹推进传统产业升级、新兴产业壮大、未来产业培育"。

身在兵位，胸为帅谋。各地方各行业在推进新质生产力发展时，要坚持系统观念，从生产力全国一盘棋布局的角度，根据自身资源禀赋及实际情况各有侧重，既要整体协同又要重点突破，有选择地推动新产业、新模式、新动能发展，从而促进新质生产力有序、健康向前发展。

七

各美其美，美人之美，美美与共，天下大同。

党的十八大以来，习近平总书记在国内外多种场合倡导尊重世界文明多样性，推动中华文明和世界各国文明在交流互鉴中实现共同进步。

马克思主义理论是为全人类求解放的理论，以"建立一个没有压迫、没有剥削、人人平等、人人自由的理想社会"为价值目标。100多年来，中国共产党始终把中国人民的命运和世界人民的命运联系起来，坚持为人类解放、世界大同的共产主义理想而奋斗。特别是改革开放以来，我国坚持对外开放的基本国策，奉行互利共赢的开放战略。新时代，中国不断扩大高水平对外开放，习近平总书记提出推动构建人类命运共同体，主张各国共建共享共赢。

近年来，在世界经济复苏乏力的背景下，我国的高水平对外开放仍取得突破，出口货物总量稳定，服装、家具和家电"老三样"出口稳定增长，锂电池、光伏产品和电动汽车"新三样"出口首次突破万亿元，创造新的生产供给，为新质生产力的发展拓展新空间。

2013—2024 年，中国同 80 多个共建"一带一路"国家签署政府间科技合作协定，同 50 多个共建"一带一路"国家和国际组织建立知识产权合作关系，支持中外科技人员实施联合研究项目达千余项，为培育新质生产力提供发展基础。

2024 年春天，跨国企业高管又掀起新一轮"来华潮"。考察、参会、受访，高管们的中国行程紧锣密鼓。原因无他，只因中国市场充满魅力和活力、中国扩大对外开放步履不停、中国优化营商环境努力不断。据统计，2023 年外商投资企业在华营业收入和利润分别占到中国规模以上工业的 20.4% 和 23.4%，进出口占中国进出口总额的 30.2%，产业链供应链协同创新合作为我国新质生产力的发展提供新动能。

知之愈明，则行之愈笃。

必须坚持人民至上、必须坚持自信自立、必须坚持守正创新、必须坚持问题导向、必须坚持系统观念、必须坚持胸怀天下。"六个必须坚持"是中国共产党团结带领人民认识世界、改造世界的"总钥匙"，也是我们学习和落实"加快形成新质生产力"的"金罗盘"。

追风赶月莫停留，平芜尽处是春山。

2024 年是新中国成立 75 周年，是实现"十四五"规划目标任务的关键一年。我们要手持"金罗盘"聚焦高质量发展，加快形成新质生产力，奋力谱写新时代新征程强国建设、民族复兴伟业的新篇章！

（本文刊载于《思想政治工作研究》2024 年第 5 期，执笔人：李惠男、祁琪）

始终掌握党和国家事业发展的历史主动

深入开展学习贯彻习近平新时代中国特色社会主义思想主题教育，就是要推动全党特别是领导干部不断把学习贯彻习近平新时代中国特色社会主义思想引向深入。习近平总书记在党的二十大报告中强调："坚定历史自信，增强历史主动，谱写新时代中国特色社会主义更加绚丽的华章。"100多年来，我们党始终坚持以马克思主义为指导，洞察历史大势、把握历史规律，牢牢掌握历史主动，取得了不负时代、不负人民的丰功伟绩。在新征程上推进强国建设、民族复兴，需要秉承和发扬历史主动精神，踔厉奋发、自信自强，不断推动党和国家事业取得新的历史性成就。

揭示科学社会主义扎根在中华大地的基因密码

马克思主义一经传入中国，"中国人在精神上就由被动转入主动"。中华民族之所以能在几千年的历史进程中发展壮大、能在世界动荡中薪火相传、能在人类文明演进中引领世界潮流，正是因其在时代的每一次巨大变迁都能把握时代脉搏，勇立时代潮头，掌握历史主动。

基因密码根植于中华民族深厚的文明底蕴。从夏商周王朝的建立到新中国的社会主义实践，从先秦诸子百家哲学思想的创立到中国特色社会主义理论体系的形成，从中国古代的原始农业生产模式到现代的中国特色社会主义市场经济体制的运行，在历史的发展道路上，中华民族始终保持自强不息的人文精神、顺势而变的民族智慧、敢为人先的历史勇气，继往开来、守正创新。中华文明对人类文明成果的吸收和贡献，在五千多年来连绵不息，彰显了强大的生命力。

基因密码源自于中华民族丰富的理论涵养。在历史发展中，中华民族始终坚持"鉴于往事，有资于治道"，以科学理论的眼光看待历史的发展。从孔子"其或继周者，虽百世可知也"的历史借鉴理论到毛泽东同志"主观和客观、理论和实践、知和行的具体的历史的统一"的历史实践理论，再到习近平总书记"惟创新者进，惟创新者强，惟创新者胜"的历史创新论述，中华民族对于历史理论一以贯之的传承、总结与升华的传统是其得以延续发展的关键。

基因密码写就于中国共产党引领中国人民勇毅前行的史诗。中国共产党传承了中华民族几千年来的历史自觉，善于通过对历史事件、历史人物、历史理论、历史实践和历史创新的审视和研究，达到总结历史经验、汲取历史教训、涵育历史思维、增益历史智慧的历史主动精神。中国共产党人自觉地把自己摆进历史进程当中，把自己所领导和开展的伟大事业作为历史发展进程的重要组成部分，以完成阶段性历史使命实现对历史的创造，牢牢掌握推动历史发展的主动权。

拥有马克思主义科学理论指导
是把握历史主动的根本所在

党的二十大报告强调："拥有马克思主义科学理论指导是我们党坚定信仰信念、把握历史主动的根本所在。"马克思主义的理论优势在于以对现存事物肯定的理解中同时包含对现存事物否定的理解，以批判的、革命的和辩证的眼光来看待历史发展，在历史的发展进程中面对风云变幻的世界形势，能够以透视时代风云的锐利目光把握历史的发展规律，指导党和国家在社会主义建设中自觉担当历史发展使命。

中国化时代化的马克思主义总结了科学的历史发展规律。习近平总书记指出："只要把握住历史发展规律和大势，抓住历史变革时机，顺势而为，奋发有为，我们就能够更好前进。"历史唯物主义是马克思主义的重要组成部分，探索和揭示了科学的人类社会历史发展规律，以生产力和生产关系、经济基础和上层建筑、社会存在和社会意识三组矛盾总结了人类社会的发展规律，使党和国家能够在扑朔迷离的历史现象中抓住问题的症结，掌握事物发展变化的本质，维护国家和人民的核心利益。

中国化时代化的马克思主义深化了坚持人民至上的历史发展目的。在理论创立之初，马克思主义就提出实现"人自由而全面地发展"的根本价值目标。从毛泽东同志的"人民群众观"到邓小平同志的"共同富裕观"再到习近平总书记的"江山就是人民、人民就是江山"，无一不彰显出中国共产党在马克思主义中国化的历程上始终坚持以人民的需求、人民的利益和人民的发展为工作导向，蕴含深刻的人民主体论的理论自觉。

中国化时代化的马克思主义始终坚持改革创新的历史发展方向。在历史自觉的基础上，中国共产党在新时代新征程上坚持和发扬历史担当精神，将"全面建成社会主义现代化强国、全面推进中华民族伟大复兴"作为全党的中心任务。当前世界百年未有之大变局加速演进，这场变局不限于一时一事、一国一域，而是深刻而宏阔的历史之变、时代之变。面对风高浪急的外部环境，中国共产党只有坚持以党的创新理论为指导，不断发扬历史主动精神，深入分析理解"两个大局"同步交织、互相激荡及带来的机遇和挑战，才能准确把握现阶段我国所处的历史方位，更加自觉地在历史进程中洞察历史规律和时代大势，把苦难辉煌的过去、日新月异的现在、光明宏大的未来贯通起来，在危机中育先机，于变局中开新局。

全面推进和拓展中国式现代化进程彰显历史主动

中国式现代化在中国共产党的领导下，基于中国自身特定的文化背景、历史发展和人口资源，实现了对西方现代化模式的超越，开创了人类文明新形态，对国家发展、人类进步和社会实践具有深远的历史意义。

推动中国式现代化实践探索。"现代化 ≠ 西方化"。发端于18世纪60年代的英国工业革命，使工业化成为世界范围内现代化的主题。西方凭借着工业革命的优势，以坚船利炮轰开了东方中国的大门。自此，现代化这一时代命题历史地摆在中国人民、中华民族面前。然而，不管是洋务派发起的以"自强""求富"为口号的洋务运动，还是 1927 年至 1937 年所谓"黄金十年"，最后都不过是"黄粱一梦"。近代以来的历史表明，由于资产阶级的软弱、短视，由于帝国主义的阻挠、遏制，资本主义现代化道路在中国是行不通的。毛泽东同志指出："没有独立、自由、民主和统一，不可能建设真正大规模的工业。"新民主主义革命的胜利、社会主义制度的建立为中国现代化探索提供了制度前提和政治条件。

推动中国式现代化理论创新发展。新中国建设的历史也是一部不断推进和拓展中国式现代化的历史。第一届全国人民代表大会明确了建设强大的现代化工业、现代化农业、现代化交通运输业和现代化国防的社会主义工业化的总任务。1964 年，党中央首次完整地提出"四个现代化"目标，"要在不太长的历史时期内，把我国建设成为一个具有现代农业、现代工业、现代国防和现代科学技术的社会主义强国"。改革开放后，邓小平同志提出，中国式的现代化，必须从中国的特点出发。社会主义的本质，是解放生产力，发展生产力，消灭剥削，消除两极分化，最终达到共同富裕。历史进程表明，中国式现代化是有战略、有方法、有目标的，一定能在新征程上行稳致远、阔步前进。

推动中国式现代化建设迈向成熟。进入新时代，我们党不断发扬历史主动精神，在过去的基础上继续前进，坚持问题导向，围绕解决现代化建设中存在的突出矛盾和问题，全面深化改革，不断实现理论和实践上的创新突破，成功推进和拓展了中国式现代化。中国式现代化是中国共产党领导的社会主义现代化，党的二十大报告明确概括了中国式现代化 5 个方面的中国特色，深刻揭示了中国式现代化的科学内涵，这既是理论概括，也是实践要求，为全面建成社会主义现代化强国、实现中华民族伟大复兴指明了一条康庄大道。康庄大道并不等于一马平川，要把中国式现代化 5 个方面的中国特色转为成功实践，把鲜明特色变成独特优势，需要始终发扬历史主动精神，锚定既定奋斗目标，处理好顶层设计与实践探索的关系、战略与策略的关系、守正与创新的关系、效率与公平的关系、活力与秩序的关系、自立自强与对外开放的关系，一茬接着一茬干、一棒接过一棒跑，在新的赶考之路上向历史和人民交出新的优异答卷。

新时代新征程以高度自觉自信创造新的历史伟业

习近平总书记指出："在新的赶考之路上，我们能否继续交出优异答卷，关键在于有没有坚定的历史自信。"在新时代新征程上，党和国家始终坚持历史使命、历史战略和历史发展的自觉自信，以高瞻远瞩的思想境界、舍我其谁的责任担当、善作善成的卓越风范领导全国各族人民为全面建成社会主义现代化强国、实现第二个百年奋斗目标，以中国式现代化全面推进中华民族伟大复兴而奋斗。

新时代新征程以自觉自信担当历史使命。中国共产党自成立之日起就将为人民谋幸福、为民族谋复兴作为自己的初心和使命。70 多年前在"进京赶考"取得政权时，中国共产党人除了对自身历史充满自信外，对自身的历史使命也充满信心，既有着"既能够破坏一个旧世界，也能够建设一个新世界"的自信自强，也有着"务必保持谦虚、谨慎、不骄、不躁的作风，务必保持艰苦奋斗的作风"的清醒冷静，这种自信和清醒一直鼓舞着党和人民满怀激情地投身社会主义建设事业。现在党团结带领全国人民踏上了以中国式现代化全面推进中华民族伟大复兴的新的赶考之路。面对新使命新征程，习近平总书记要求全党："务必不忘初心、牢记使命，务必谦虚谨慎、艰苦奋斗，务必敢于斗争、善于斗争。""三个务必"与"两个务必"既一脉相承又与时俱进，对于新征程上全党统一思想、统一意志、统一行动，永葆"赶考"的清醒和坚定，不断开创党和国家事业新局面具有重大现实意义和深远历史意义。

新时代新征程以自觉自信把握历史主动。把握战略主动是发扬历史主动精神的关键。历史主动源于对历史大势的深刻洞察和历史规律的深刻把握，战略主动是在此基础上作出的对于全局、长远和有决定性意义的判断和决策。"虽有智慧，不如乘势。"历史大势不会自动创造出来，需要正确用好战略与策略，运用历史唯物主义的大历史观观察历史大势，把历史机遇转化为发展优势。要保持战略定力，以既有目标作为战略指引，战略上保持定力、赢得主动，才能育新机、开新局，真正掌握历史主动。无论国际风云如何变幻，我们都要紧紧围绕新征程上的中心任务，集中精力做好自己的事，坚定发扬斗争精神打开事业发展新天地，以"中国之治"为化解"世界之乱"的难题贡献独特的中国方案、中国智慧。

新时代新征程以自觉自信推进历史进程。历史自觉是对社会历史规律深刻把握和对未来社会发展前景谋篇布局的统一，它既符合社会历史发展的规律，又体现出中国共产党善于运用社会历史规律的自觉性。党的二十大宣示了新时代中国共产党的使命任务，要求着力推动高质量发展，全面推进中国式现代化。正确的历史认知和坚定的历史自觉共同塑造历史自信，准确把握党的历史发展的主题主线、主流本质，才能不断开辟走向胜利的道路。坚持高质量发展是实现民族复兴的必由之路，在新阶段上展现新作为，要坚决贯彻党中央战略部署，坚持新发展理念，坚持高质量发展，进一步解放思想、大胆创新、真抓实干、奋发进取，以更大魄力、在更高起点上推进改革开放，在推动形成现代化经济体系、加强精神文明建设、抓好生态文明建设、保障和改善民生等方面作出新的更大贡献。新征程上，要坚定"乱云飞渡仍从容"的历史自信，发扬"为有牺牲多壮志"的历史主动，担起"而今迈步从头越"的历史使命，为全面建设社会主义现代化国家、全面推进中华民族伟大复兴而团结奋斗！

（本文刊载于《思想政治工作研究》2023 年第 6 期，

执笔人：宋首君、何雨蔚）

坚定不移做好自己的事情

时代潮流浩浩荡荡奔涌向前，伟大事业前途光明任重道远。习近平总书记在党的二十大报告中语重心长地告诫全党："我们必须增强忧患意识，坚持底线思维，做到居安思危、未雨绸缪，准备经受风高浪急甚至惊涛骇浪的重大考验。"新时代以来，习近平总书记多次强调"保持定力，增强信心，集中精力办好自己的事情，是我们应对各种风险挑战的关键"，强调"无论国际风云如何变幻，我们都要坚定不移做好自己的事情"。全面贯彻党的二十大精神，无惧风雨，勇毅前行，最根本的是要把我们自己的事情做好。

践行"三个务必"要求，必须做好自己的事情

"志之难也，不在胜人，在自胜。"习近平总书记在党的二十大报告中开宗明义向全党发出"三个务必"伟大号召，鲜明昭示我们党一以贯之自警自省自励的品格与立场。践行"三个务必"要求，最根本、最直接、最现实的就是集中力量办好自己的事情，这是正确处理内因和外因辩证关系作出的符合中国实际和时代要求的战略选择。

不忘初心、牢记使命的应有之义。"一切向前走，都不能忘记走

过的路；走得再远、走到再光辉的未来，也不能忘记走过的过去，不能忘记为什么出发。"① 我们党自成立之日起，就把为中国人民谋幸福、为中华民族谋复兴作为自己的初心使命。百余年来，始终坚守如磐初心，保持战略定力，是我们党永葆生机活力、不断从胜利走向胜利的根本动力。当前，世界进入新的动荡变革期，不稳定性不确定性明显增加。对我国改革发展稳定来说，来自外部的打压遏制随时可能升级。但是，事实雄辩地证明，时与势在我们一边，只要坚持用初心昂扬斗志、以使命强化担当，无论外部环境如何恶劣，都不能起决定性作用。落实党的二十大擘画的宏伟蓝图，全面建设社会主义现代化国家、全面推进中华民族伟大复兴，起决定作用的只有内因，那就是看我们能不能凝聚磅礴力量、集中精力办好自己的事情。在复杂艰难的环境中我们更要时时叩问初心、处处践行使命，坚持把国家和民族发展放在自己力量的基点上，集中一切精力把我们 14 亿多人的事情办好，切实做到"任凭风浪起，稳坐钓鱼台"。

谦虚谨慎、艰苦奋斗的时代要求。从《周易》中的"天行健，君子以自强不息"，《诗经》中的"战战兢兢，如临深渊，如履薄冰"，到《论语》中的"君子求诸己，小人求诸人"，再到近代人民教育家陶行知强调"滴自己的汗，吃自己的饭。自己的事情自己干"，中华民族自古以来就有着谦虚谨慎、自立自强的优良传统。1949 年 3 月，在全国革命胜利前夕，毛泽东同志在党的七届二中全会上向全党发出了"务必使同志们继续地保持谦虚、谨慎、不骄、不躁的作风，务必

---

① 《习近平谈治国理政》第二卷，外文出版社 2017 年版，第 32—33 页。

使同志们继续地保持艰苦奋斗的作风"的号召。正是依靠谦虚谨慎、艰苦奋斗，我们解决了新中国成立初期一系列"卡脖子"问题。20世纪 80 年代末 90 年代初，面对苏联解体、东欧剧变，邓小平同志提出了"不要急，也急不得。要冷静、冷静、再冷静，埋头实干，做好一件事，我们自己的事"，处变不惊、埋头苦干，开创了改革开放新局面。党的十八大以来，习近平总书记反复强调："最重要的，还是要集中精力办好自己的事情"，党和国家事业取得历史性成就、发生历史性变革，推动我国迈上全面建设社会主义现代化国家新征程。从"进京赶考去"到"踏上新的赶考之路"，越是在取得成绩的时候，越要保持谦虚谨慎、弘扬艰苦奋斗精神，用新的伟大奋斗创造新的伟业。

敢于斗争、善于斗争的集中体现。回顾百年党史，我们党在内忧外患中诞生、在历经磨难中成长、在攻坚克难中壮大，大力弘扬斗争精神、集中精力做好自己的事情贯穿于各个历史时期和全部奋斗实践。特别是新时代以来，面对进入新动荡变革期的外部世界，我们牢牢把握正确斗争方向，始终坚守斗争基本原则，积极进行具有许多新的历史特点的伟大斗争，坚持国家利益为重、国内政治优先，依靠不断发展应对纷繁复杂的外来冲击，打赢一场场硬仗，向世界展现了中国人民的志气骨气底气。新征程上，还有各种可以预见和难以预见的风险挑战，只要我们不断锤炼斗争精神，全面增强斗争本领，把国家和民族发展的基点放在自己的力量上，把民族复兴的命运牢牢掌握在自己手中，保持不畏强敌、不惧风险、敢于斗争、敢于胜利的风骨和品质，不信邪、不怕鬼、不怕压，不断增强斗争本领，全力办好自己的事情，就一定能在世界大变局中开辟中国发展新格局。

把握"三件大事"，坚定做好自己事情的信心

逐梦奋进积厚成势，守正创新再攀高峰。党的二十大报告指出，党的十八大召开至今的十年，我们经历了对党和人民事业具有重大现实意义和深远历史意义的三件大事，这是中国共产党和中国人民团结奋斗赢得的历史性胜利，是彪炳中华民族发展史册的历史性胜利，也是对世界具有深远影响的历史性胜利。这"三件大事"使实现中华民族伟大复兴有了更为完善的制度保证、更为坚实的物质基础、更为主动的精神力量，也让"集中力量做好自己的事情"的共识空前凝聚、底气空前增强、信心空前振奋。

一是迎来中国共产党成立一百周年，领导我们事业的核心力量更加坚强有力。立志于中华民族千秋伟业，百年恰是风华正茂。我们党交出了一份优异答卷，将来还将做得更好。历史和现实表明，在面对各种风险和重大挑战的关键时刻，党始终能够总揽全局、协调各方，把方向、谋大局、定政策、促改革，团结一切可以团结的力量，围绕共同奋斗目标攻坚克难、锲而不舍，集中精力办好自己的事情。特别是新时代以来，我们全面加强党的领导，明确中国特色社会主义最本质的特征是中国共产党领导，中国特色社会主义制度的最大优势是中国共产党领导，中国共产党是最高政治领导力量，坚持党中央集中统一领导是最高政治原则，我们这个拥有9600多万名党员的马克思主义政党更加团结统一，在革命性锻造中更加坚强有力。新征程上，只

要我们坚定拥护"两个确立"、坚决做到"两个维护",坚持不断加强和完善党的全面领导,进一步把制度优势转化为治理效能,就一定能够办好每一件事、完成好每一项任务,在新的赶考路上继续考出优异成绩!

二是中国特色社会主义进入新时代,我们有雄厚的物质基础和强大的发展动能。党的十八大以来,我们党团结带领全国各族人民不懈奋斗,推动我国经济实力、科技实力、国防实力、综合国力进入世界前列,推动我国国际地位不断提升,党的面貌、国家的面貌、人民的面貌、军队的面貌、中华民族的面貌发生了深刻变化,我国发展具备了更为坚实的物质基础、更为完善的制度保证,实现中华民族伟大复兴进入了不可逆转的历史进程。中国特色社会主义进入新时代,意味着近代以来久经磨难的中华民族迎来了从站起来、富起来到强起来的伟大飞跃,迎来了实现中华民族伟大复兴的光明前景;意味着科学社会主义在 21 世纪的中国焕发出强大生机活力,在世界上高高举起了中国特色社会主义伟大旗帜;意味着中国特色社会主义道路、理论、制度、文化不断发展,拓展了发展中国家走向现代化的途径,给世界上那些既希望加快发展又希望保持自身独立性的国家和民族提供了全新选择模式,为解决人类问题贡献了中国智慧和中国方案。这些特征,是我们在新的赶考路上,信心百倍做好自己事情的坚实基础和强大底气。

三是完成脱贫攻坚、全面建成小康社会的历史任务,实现第一个百年奋斗目标,干部群众的精神面貌焕然一新。经过全党全国各族人民尽锐出战、接续奋斗,我们打赢了人类历史上规模最大的脱贫攻坚战，全国 832 个贫困县全部摘帽，近 1 亿农村贫困人口实现脱贫，960 多万贫困人口实现易地搬迁，历史性地解决了绝对贫困问题，为全球减贫事业作出了重大贡献，创造了又一个彪炳史册的人间奇迹！这是中国人民的伟大光荣，是中国共产党的伟大光荣，是中华民族的伟大光荣！第一个百年奋斗目标的实现，不仅取得了物质上的累累硕果，也取得了精神上的累累硕果。今日之中国，积极性主动性创造性显著增强，民族更加自信自立自强，人民志气骨气底气空前激发，党心军心民心前所未有地汇聚成强大精神力量。这是我们坚定道路自信、理论自信、制度自信、文化自信的底气所在，也是我们风雨无阻、高歌行进的力量所在。今日之中国，绝不会被美西方的一些遏制施压所屈服，更不会被前进道路上的艰难险阻所吓倒。即使风浪再大、即使路更崎岖，在以习近平同志为核心的党中央坚强领导下，14 亿多自信自强的中国人民一定能够乘风破浪、闯关夺隘、凯歌而行，集中力量办好我们自己的事情，在新时代创造中华民族新的更大奇迹。

运用"六个必须坚持"，一刻不停做好自己的事情

党的二十大报告中的一个突出亮点和重大理论贡献，就是精辟概括了习近平新时代中国特色社会主义思想的世界观和方法论，为我们集中力量做好自己的事情提供了强大思想武器。前进道路上，我们必须把握好以"六个必须坚持"为代表的世界观和方法论，坚持好、运用好习近平新时代中国特色社会主义思想的立场观点方法，使工作更

好地体现时代性、把握规律性、富于创造性，一刻也不停地奋进新征程、建功新时代。

坚持人民至上，在提高人民生活品质上见到新气象。积极适应群众需求变化，紧紧抓住人民最关心最直接最现实的利益问题，想群众所想、谋群众所愿，持续加大民生投入，在就业、教育、医疗、社会保障、社会救助、基础设施建设等方面，持续实施一批重点民生实事，用心用情解决好群众急难愁盼问题，以看得见的方式、摸得着的实惠回应群众期盼，扎实推进共同富裕。同时，把坚持党的领导和尊重人民首创精神结合起来，把解决思想问题与解决实际问题结合起来，把尊重客观规律和激发创新创造活力贯通起来，最大限度调动人民群众的主观能动性，凝聚团结奋斗的磅礴力量。

坚持自信自立，坚定不移推进中国式现代化。唯有自信，方能自主；唯有自立，才能自强。新征程上，我们要坚持对马克思主义的坚定信仰、对中国特色社会主义的坚定信念，坚定道路自信、理论自信、制度自信、文化自信，始终从国情出发想问题、作决策、办事情，既不好高骛远，也不因循守旧，保持历史耐心，以更加积极的历史担当和创造精神推进中国式现代化，实现物质文明、政治文明、精神文明、社会文明、生态文明协调发展。坚决打赢关键核心技术攻坚战，是当前需要抓紧办好的关键事情。要坚持面向世界科技前沿、面向经济主战场、面向国家重大需求、面向人民生命健康，集聚力量进行原创性引领性科技攻关，敢于走前人没走过的路，勇于攻坚克难、追求卓越、赢得胜利，加快实现高水平科技自立自强，切实把发展主动权牢牢掌握在自己手中。

坚持守正创新，推动经济社会实现高质量发展。守正，才能不迷失方向、不犯颠覆性错误。创新，才能把握时代、引领时代。前进道路上，必须坚持马克思主义基本原理不动摇，坚持党的全面领导不动摇，坚持中国特色社会主义不动摇，紧跟时代步伐，顺应实践发展，以满腔热忱对待一切新生事物，不断拓展认识的广度和深度，既不走封闭僵化的老路，也不走改旗易帜的邪路。立足新发展阶段、贯彻新发展理念、构建新发展格局、推动高质量发展，是全面建设社会主义现代化国家的首要任务，是适应新时代我国社会主要矛盾变化的必然要求，更是应对外部风险挑战的应有之义。要完整、准确、全面贯彻新发展理念，将其贯彻落实到经济社会发展全过程和各领域，使每一项工作都符合创新、协调、绿色、开放、共享要求，走出适合本地区本部门实际的高质量发展之路。

坚持问题导向，推动全面深化改革走深走实。党的十八大以来，以习近平同志为核心的党中央始终坚持问题导向，直面并着力破解我国发展进程中的一系列长期积累及新出现的突出矛盾和问题，打响改革攻坚战，敢于突进深水区，许多领域实现历史性变革、系统性重塑、整体性重构。但也要清醒地看到，重点领域改革还有不少硬骨头要啃，尤其应认识到，越是世界风云变幻无常，越是面对重要战略机遇期，越需要锲而不舍全面深化改革。必须增强问题意识，聚焦实践遇到的新问题、改革发展稳定存在的深层次问题、人民群众急难愁盼问题、国际变局中的重大问题、党的建设面临的突出问题，不断提出真正解决问题的新理念新思路新办法，着力破解深层次体制机制障碍，依靠深化改革突破瓶颈、理顺关系、激发潜能，不断彰显中国特色社会主义制度优势，不断增强社会主义现代化建设的动力和活力。

坚持系统观念，不断提升工作科学化水平。我国是一个发展中大国，仍处于社会主义初级阶段，正在经历广泛而深刻的社会变革，推进任何一项工作，往往牵一发而动全身，必须把历史、现实、未来贯通起来审视，把近期、中期、远期的目标统筹起来谋划，切实下好先手棋，打好主动仗。应该看到，全面建设社会主义现代化国家是一个由诸多领域、诸多环节、诸多层面构成的大系统，作为参与者建设者，必须以整体思维聚合力，用统筹方法谋全局，处理好全局与局部的关系，锚定党中央擘画的宏伟蓝图，在观大势、谋全局、抓大事中定好自身坐标、找准发展定位，努力以一己之力、一域之光为全局添彩。要高度重视和切实防范化解各种重大风险，按照稳定大局、统筹协调、分类施策、精准拆弹的基本方针，抓好风险处置工作，在运筹帷幄间化危为机，更好赢得优势、赢得主动、赢得未来。

坚持胸怀天下，始终站在人类进步的一边。当前，世界之变、时代之变、历史之变正以前所未有的方式展开，人类社会面临前所未有的挑战，世界又一次站在历史的十字路口，何去何从取决于各国人民的抉择。坚持胸怀天下，是中国共产党为人类谋进步、为世界谋大同的使命担当，是在世界大局和时代潮流中把握中国发展前进方向、促进各国共同发展繁荣的中国智慧。奋进新征程、建功新时代，我们要拓展世界眼光，深刻洞察人类发展进步潮流，坚持在历史前进的逻辑中前进、在时代发展的潮流中发展，始终以海纳百川的胸襟应对百年变局，坚定不移维护真正的多边主义、坚定不移同世界共享市场机遇、坚定不移推动高水平开放、坚定不移维护世界共同利益，让开放的春风温暖世界，为推动构建人类命运共同体、建设更加美好的世界添砖加瓦。

"莫听穿林打叶声，何妨吟啸且徐行。"在这个充满不确定性的时代里，确定性是对其最有力的回应。凝聚 14 亿多中华儿女的智慧、汇集 14 亿多中华儿女的力量，将发展的命运牢牢掌握在自己手中，是我们能把握的最大确定性。以"越是艰险越向前"的斗志、"不畏浮云遮望眼"的定力、"千磨万击还坚劲"的韧劲，坚定不移做好我们自己的事情，推动党的二十大精神落地落实，定能书写新的历史时间、创造新的历史辉煌！

（本文刊载于《思想政治工作研究》2023 年第 1 期，
执笔人：张勤繁、颜学静）

将斗争精神发扬到底

人是需要一点精神的。伟大的时代需要伟大的精神。在党的二十大报告中，习近平总书记对坚持发扬斗争精神作出深刻阐释："增强全党全国各族人民的志气、骨气、底气，不信邪、不怕鬼、不怕压，知难而进、迎难而上，统筹发展和安全，全力战胜前进道路上各种困难和挑战，依靠顽强斗争打开事业发展新天地。"这是在全面建设社会主义现代化国家、全面推进中华民族伟大复兴历史征程中，中国共产党人和中国人民顽强斗争之决心与意志的坚定表达和庄严宣示，是敢于斗争、善于斗争的政治智慧和精神指引，是增强斗争本领、不负使命的时代要求。将斗争精神发扬到底，必将继续书写中华民族伟大复兴的辉煌篇章。

坚定"越是艰险越向前"的斗争意志

新时代需要应对的风险和挑战、需要解决的矛盾和问题比以往更加错综复杂，面临的各种斗争不是短期的而是长期的，将伴随实现伟大复兴全过程，我们必须发扬斗争精神，迎难而上，越是艰险越向前。党的二十大报告进一步对坚持斗争精神作出了最新的战略判断和深刻阐述，为全党全国人民指明了方向。

谱写新时代中国特色社会主义更绚丽华章的伟大号召。70多年前，为了建设新中国，毛泽东同志在"进京赶考"前告诫全党，务必使同志们继续地保持谦虚、谨慎、不骄、不躁的作风，务必使同志们继续地保持艰苦奋斗的作风。今天，为了全面推进中华民族伟大复兴，习近平总书记要求全党，务必不忘初心、牢记使命，务必谦虚谨慎、艰苦奋斗，务必敢于斗争、善于斗争。全党同志必须牢记和践行"三个务必"，自信自强、守正创新，踔厉奋发、勇毅前行。在全面建设社会主义现代化国家、全面推进中华民族伟大复兴的伟大征程中，困难和挑战是躲不开也绕不过的，全党必须做好进行更加艰苦卓绝斗争的准备。这是在新的赶考之路上发出的新的伟大号召，是百年大党的执政智慧、战略自觉与历史清醒。

全面建设社会主义现代化国家的重大原则。在当前的历史条件和国内外形势下，中国怎样全面建设社会主义现代化国家？这是国内外都在高度关注和思考的问题。习近平总书记指出，必须牢牢把握五个重大原则：坚持和加强党的全面领导，坚持中国特色社会主义道路，坚持以人民为中心的发展思想，坚持深化改革开放，坚持发扬斗争精神。将坚持发扬斗争精神作为五个重大原则之一，这是对全面建设社会主义现代化国家基本规律的深刻把握，也是对斗争精神的深刻认识，充分说明了发扬斗争精神的极端重要性。

深入推进新时代党的建设新的伟大工程的内在要求。革命是斗争的高级阶段。习近平总书记指出，全面建设社会主义现代化国家、全面推进中华民族伟大复兴，关键在党。必须持之以恒推进全面从严治党，深入推进新时代党的建设新的伟大工程，以党的自我革命引领社会革命。"打铁必须自身硬。"必须切实加强党员干部斗争精神和斗争本领养成，加强党的长期执政能力建设、先进性和纯洁性建设，全面推进党的自我净化、自我完善、自我革新、自我提高，使我们党坚守初心使命，始终成为中国特色社会主义事业的坚强领导核心，把广大领导干部锻炼成为能够经受住各种风险考验、堪当民族复兴重任的高素质干部队伍。

增强"不畏浮云遮望眼"的斗争智慧

当前世界百年变局加速演进，面对各种挑战和考验，我们更要坚定理想信念、保持战略定力，坚持和运用好习近平新时代中国特色社会主义思想的世界观和方法论，增强斗争智慧，做到敢于斗争、善于斗争，不迷于现象、不拘于个人、不困于眼前，"不畏浮云遮望眼"。

坚持斗争精神的理论清醒。理论上愈是清醒，行动上就愈是坚定有力。对于和平年代，特别是在第二个百年奋斗目标的新征程中还要不要做好斗争准备，还要不要坚持斗争精神？我们党一直有着深邃的思考。党的十八大报告提出"必须准备进行具有许多新的历史特点的伟大斗争"的重大论断；党的十九大报告中，以"中华民族伟大复兴，绝不是轻轻松松、敲锣打鼓就能实现的。全党必须准备付出更为艰巨、更为艰苦的努力"惕厉全党；在党的二十大报告中，明确提出"依靠顽强斗争打开事业发展新天地"，要求"务必敢于斗争、善于斗争"，为全党坚持斗争精神、保持理论清醒，绝不犯战略性、颠覆性错误，提供了根本遵循。

坚持斗争精神的哲学智慧。敢于斗争、善于斗争，是马克思主义哲学精神和哲学智慧的集中体现。矛盾与斗争无处不在、无时不有。矛盾双方的统一与对立是事物变化发展的源泉和动力。"反者道之动，弱者道之用。天下万物生于有，有生于无。""斗争"是马克思主义理论的核心命题，我们党始终敢于斗争、敢于胜利，为真理而斗争，为民族解放、国家富强而斗争，为美好生活而斗争。顽强斗争是创造奇迹的精神密码，是马克思主义政党永不过时的精神底色，是我们党的鲜明品格，更是党和人民不可战胜的强大精神力量。坚持斗争精神，是辩证唯物主义和历史唯物主义在实践中的具体运用，就是要在斗争中把握主要矛盾和矛盾的主要方面，以斗争促进统一，实现矛盾的积极转化，引领和把握事物的发展方向。

坚持斗争精神的历史传统。党和国家事业始终是在斗争中诞生、在斗争中发展、在斗争中壮大的。党和人民取得的一切成就，不是天上掉下来的，不是别人恩赐的，而是通过不断斗争取得的。100 多年来，中国共产党以顽强斗争的不屈精神和钢铁意志带领中国人民和中华民族击退了敌对势力一次又一次疯狂进攻、攻克了前进道路上一个又一个险关要隘。建立中国共产党、成立中华人民共和国、实行改革开放，靠的就是顽强斗争。迎来中国共产党成立 100 周年，推进中国特色社会主义进入新时代，完成脱贫攻坚、全面建成小康社会的历史任务，实现第一个百年奋斗目标，靠的还是顽强斗争。新征程上，战胜前进道路上的各种困难和挑战，永葆马克思主义政党的精神底色，还要继续坚持斗争精神。中国共产党通过顽强斗争创造历史、走到今天，也必将通过顽强斗争赢在当下、赢得未来。

练就"踏平坎坷成大道"的斗争本领

习近平总书记深刻指出："发展中国特色社会主义是一项长期而艰巨的历史任务，必须准备进行具有许多新的历史特点的伟大斗争。"实现伟大梦想必须进行伟大斗争，必须讲求斗争艺术、善于斗争。毛泽东同志指出，"胜利的信念是打出来的，是斗争中间得出来的"。新征程上要在不断斗争中增进必胜的信念，在钢铁般的信念指引下坚持顽强斗争。

不断强化党的理论武装。思想理论的优势是具有决定性意义的优势。先进思想一旦武装群众，就会转化成强大的斗争力量。顽强斗争不是拼命蛮干，而是先进思想理论指导下的坚定行动，是敢于斗争、善于斗争的有机结合，是斗争勇气胆识、艺术策略与决心意志的集中体现，包含着不达目的誓不罢休的必胜决心和斗争品格。实现新时代党的中心任务，我们必须贯彻落实党的二十大精神，深入学习贯彻习近平新时代中国特色社会主义思想，用中国化时代化的马克思主义武装头脑，在学懂弄通上下功夫、在入脑入心上下功夫、在做实见效上下功夫，科学运用习近平新时代中国特色社会主义思想的世界观和方法论分析斗争形势、制订斗争策略，为顽强斗争提供思想指南、注入真理力量。

保持危机意识和忧患精神。《孟子》有云，"入则无法家拂士，出则无敌国外患者，国恒亡，然后知生于忧患而死于安乐也"。古今中外的历史告诫我们，丧失忧患意识、放弃斗争精神，必将付出国灭家亡的惨重代价。苏联解体的历史教训警示我们，意识形态的斗争是争夺现有阵地的斗争，更是争夺未来的斗争，来不得半点马虎，既要寸步不让，更要见微知著。我们处在一个既充满挑战也充满希望的时代，我们的事业还远没有到值得骄傲的时候，更何况当前还面临更为艰险、更为复杂的局面，必将遇到许多可以预料和难以预料的风险考验，放松斗志不得、停顿懈怠不行，必须常怀远虑、居安思危，如履薄冰、未雨绸缪，时刻做好经受风高浪急甚至惊涛骇浪等重大考验的准备，在斗争中寻求突破，在斗争中保持定力。

始终坚守底线思维。"备豫不虞，为国常道。"新中国成立至今，从未发生战略性、颠覆性错误，就在于我们始终坚持底线，确保社会主义不变质、不变色、不变味。当前，我们正在做前人从来没有做过的事业，这个过程没有教科书，没有可以照搬照抄的经验，还有"黑天鹅""灰犀牛"等各种挑战和意外不时袭来，这就要求我们必须坚守底线思维，凡事从坏处准备，努力争取最好的结果，做到有备无患、遇事不慌，紧紧抓住战略机遇期，牢牢把握发展主动权。面对前进路上各种风险挑战，我们要坚持中国特色社会主义道路不动摇，坚决维护国家主权和领土完整，将中国发展进步的命运牢牢掌握在自己手中！

增强历史主动精神。掌握主动是赢得斗争胜利的关键。习近平总书记指出，"我们要既正视困难又坚定信心，发扬历史主动精神，迎难而上，敢于斗争"。历史主动精神是对历史规律的深刻把握、对历史大势的主动顺应、对历史选择的主动求变、对历史发展的主动作为，也是战略层面的主动应对。100 多年来，我们党以一往无前的顽强斗争推动革命、建设与改革不断从胜利走向胜利，根本原因就在于以科学的理论指导认识和掌握历史规律，从而赢得历史主动，取得历史性胜利。斗争是矛盾运动规律的集中体现，斗争内嵌于团结奋斗之中。我们党依靠团结奋斗走到今天、走向未来。发扬斗争精神才能增强奋斗的主动性，没有斗争的奋斗是空洞的、无力的，要从思想上行动上把敢于斗争、善于斗争融入团结奋斗全过程。我们要掌握"团结—批评—团结"的公式，以过硬的斗争本领逢山开路、遇水架桥，借力打力、四两拨千斤。

坚定自信自强的精神品格。自信自强是坚持斗争的重要基础。文化自信是一个国家、一个民族发展中最基本、最深沉、最持久的力量，是进行伟大斗争的深厚精神支撑，是坚持斗争的磅礴力量之源。缺乏坚定的文化自信，就会盲目崇拜、迷信他国，面对其他国家、其他势力的质疑和压迫，首先做的不是斗争反击，而是投降乞怜。在悠久的历史传统中，我们的国家和民族养成了"明犯强汉者，虽远必诛"的斗争自信，形成了"人不犯我，我不犯人；人若犯我，我必犯人"的战略智慧。全面推进中华民族伟大复兴，我们要传承和发扬好历史中形成的斗争智慧，以坚定的文化自信铸就深厚持久的顽强斗争精神，推进伟大斗争。要积累更加丰厚的物质文化基础，汇聚更为主动的精神力量，进一步激发中国人民的积极性、主动性、创造性，进一步增强自信自强的精神力量。

"千磨万击还坚劲，任尔东西南北风。"全面建设社会主义现代化国家寄托着中华民族的夙愿和期盼，凝结着中国人民的奋斗和汗水，是一项伟大而艰巨的事业，前途光明、任重道远。前行路上，我们必须将斗争精神贯穿到底、坚持到底，在敢于斗争、善于斗争中赢得主动、赢得优势、赢得未来，在以中国式现代化全面推进中华民族伟大复兴的新征程中夺取新的更大胜利！

（本文刊载于《思想政治工作研究》2022 年第 12 期，执笔人：潘信林、何雨蔚）

大力培育理性平和的社会心态

社会心态是社会发展的"晴雨表"，也是国家治理的"风向标"。党的十八大以来，"理性平和"作为社会心态培育的核心目标被反复强调。习近平总书记在二十届中央政治局第十九次集体学习时强调，要培育自尊自信、理性平和、积极向上的社会心态。培育理性平和的社会心态不仅是个人幸福生活的内在需求，更是国家长治久安、民族行稳致远的战略选择。

当前，社会正经历经济结构转型，社会心态如一池春水，不时泛起点点涟漪，这就需要发挥思想政治工作"导航系统"的引领作用，通过加强思想教育，以社会主义核心价值观筑牢社会心态培育基石；聚焦民生关切，以解决人民实际问题纾解焦虑心态；关注心理健康，采取培育理性平和心态系统工程等多种方式，为理性平和社会心态的养成提供全方位的支持和保障。

把价值观"种"进人心。哈尔滨亚冬会志愿者用微笑迎接八方宾客，重庆山火中"摩托骑士"自发集结救援，这些鲜活场景展现着社会主义核心价值观的精神力量。新时代的思想政治工作要高举习近平新时代中国特色社会主义思想伟大旗帜，把党的创新理论讲透讲活，让老百姓听得进、用得上；要树好生活标尺，将社会主义核心价值观宣传做深做细，把爱国敬业的大道理变成守好摊、带好娃的"小确幸"；要守好精神阵地，将学校课堂打造成培根铸魂的"育苗圃"，让社区活动室升级为解忧纾困的"心灵港湾"，使网络空间成为激浊扬清的"舆论主场"。

触摸民生温度。群众的烦心事就像堵住的下水道，不及时疏通就会发酵成社会情绪的泥潭。思想政治工作就是在人的头脑和心灵里搞建设，既以理服人又以情感人。聚焦教育、就业、医疗、住房等民生关切，通过全面深化改革持续破题，如通过发放育儿补贴、增加普惠托育服务供给等政策降低生育成本；针对就业市场需求，推动职业教育与产业需求对接，完善校企合作机制，托住青年人的"饭碗焦虑"；优化土地供应结构，重点解决新市民、青年群体住房困难，完善社区养老、托育等配套设施，消除后顾之忧。

打好制度"组合拳"。培育理性平和社会心态是一项复杂的系统工程，思想政治工作作为其中的关键环节，必须充分发挥其引领作用。要把心理服务送到群众身边，推动心理咨询、危机干预等专业服务向基层延伸，建立覆盖全社会的心理支持网络；要健全社会信用体系，完善社会公平正义机制，让法治观念深入人心，筑牢法律"防护网"；要完善网络舆情预警和应急响应机制，及时发布权威信息，引导人民群众以理性平和的心态去关注事件的发展。

培育理性平和的社会心态，既是攻坚战也是持久战。唯有充分发挥思想政治工作的引领作用，在解难题中聚人心，在办实事中树信心，才能让理性平和的社会心态蔚然成风，为全面建设社会主义现代化国家凝聚强大的精神力量。

（本文刊载于《思想政治工作研究》2025年第4期，执笔人：祁琪）

不断增强新时代思想政治工作实效性

2025 年 1 月，全国宣传部长会议强调指出，要"增强思想政治工作实效性"。思想政治工作从根本上说是做人的工作。做好新时代思想政治工作，要着眼于人、落脚于人，在增强实效性上下功夫。既要把握原则、尊重规律，继承历史实践中形成的宝贵经验，又要勇于开拓、推陈出新，掌握思想政治工作主动权，增强时代感和吸引力。

思想政治工作是我们党的传家宝。100 多年来，思想政治工作适应各个不同历史阶段的需要，克服和纠正各种错误思想的影响，有效发挥了鼓舞斗志、团结奋斗的重要作用。新民主主义革命时期，我们党依靠思想政治工作激发广大群众的革命热情和斗争精神，形成"唤起工农千百万，同心干"的强大力量，取得了民族独立和人民解放的伟大胜利。社会主义革命和建设时期，我们党大力加强全社会政治教育和思想改造，激发起"敢教日月换新天"的伟大力量，建立起较为完整的工业体系和国民经济体系，挺起了国家建设的脊梁。改革开放和社会主义现代化建设新时期，我们党依靠思想政治工作助力人们解放思想、更新观念，为经济发展注入活力，推动社会主义文化繁荣发展，营造了"东方风来满眼春"的动人景象。

进入新时代，思想政治工作面临新形势、新挑战，只能加强不能削弱，只能前进不能停滞，只能积极作为不能被动应付。当前，经济转型升级、技术迭代跃迁，各种思想文化交流交融交锋更加频繁，对人们的社会生活形态和心理状态带来深刻影响，消极悲观、焦虑倦怠等情绪时有蔓延，"躺平""佛系"等现象频出，一些党员干部和社会群体出现奋斗动力不足、进取意识淡薄等问题，这要求思想政治工作与时俱进、守正创新，不断增强针对性、实效性。

增强思想政治工作实效性，要坚持多措并举与重点施策相结合。要将有效的心理疏导融入舆论宣传、社会宣传、文艺宣传中，加强面对面的沟通交流，传递温暖明亮的正能量。加大对极端言论引导管控力度，有效化解社会戾气和消极情绪。更有针对性地开展宣传教育、设计活动，"一把钥匙开一把锁"，针对不同群体做好思想引导和心理疏导，缓解过度焦虑、"躺平"等消极情绪，培育理性平和的社会心态。

增强思想政治工作实效性，要坚持把解决思想问题与解决实际问题相结合。既要科学认识思想问题是什么，以科学的理论武装全党、教育人民，廓清惑乱人心的思想迷雾，绵绵用力、久久为功地解决思想问题；又要准确地把握好实际问题有哪些，切实提升解决实际问题的干事能力，要抓好节点、注重时效地解决好实际问题。要用心用情用力，从解决现实困难入手解决思想上的疙瘩。比如企业解决员工住房困难后，再进行爱岗敬业教育，会更具说服力；社区解决居民停车难问题后，再倡导文明理念，会更容易被接受。

增强思想政治工作实效性，要坚持把传统优势与信息技术相结合。要遵循思想政治工作规律，继承并发扬优良传统。比如我们党通过"八仙过海"的故事、"毛驴上山"的比喻等通俗化的方式进行理论宣传和统一思想，通过《白毛女》《黄河大合唱》等文艺作品来增强思想政治工作的效果。在继承和发扬这些传统优势的基础上，要充分利用现代科技手段，让"生命线"加装"数据链"，通过新媒体平台进行宣传教育、开展互动式思想交流活动，不断增强吸引力和时效性。

增强思想政治工作实效性是一个复杂的系统工程，需要全党全社会的共同努力和持续探索。要树立大思政的工作理念和一盘棋的大局意识，构建思想政治工作大格局，形成齐抓共管、齐心协力的强大合力。各级党组织要定期开展干部职工思想动态调研分析，推广"书记谈心日"等机制，变"事后应对""事中介入"为"事前防范"。要上下互动、横向联合，打好"组合拳"，奏响"交响乐"，不断推动思想政治工作实起来、强起来。

（本文刊载于《思想政治工作研究》2025 年第 2 期，

执笔人：孙强）

年轻干部要在推进中国式现代化中挺膺担当

党的二十届三中全会吹响了新时代新征程上进一步全面深化改革、推进中国式现代化的冲锋号角。生逢盛世，吾辈与有荣焉；时代召唤，吾辈挺膺担当。习近平总书记强调，新征程上，年轻干部重任在肩、大有可为，必须牢记初心使命、顽强拼搏进取，奋力跑好历史的接力棒。

恪守对党忠诚、矢志不渝的初心使命，坚定理想信念，让"佛系"心态遁无形

"石可破也，而不可夺坚；丹可磨也，而不可夺赤。"理想信念应像磐石的坚硬、丹砂的赤红，即使经历烈火焚烧、千锤百炼，也不失本色和初心。我们要坚定对马克思主义的信仰、对中国特色社会主义的信念、对实现中华民族伟大复兴的信心，无论顺境逆境、阳光泥泞，都坚贞不渝，经得起大浪淘沙的考验。

宣传思想文化工作是铸魂育人的工作，是在人的头脑中搞建设。育人是"一棵树摇动另一棵树，一朵云推动另一朵云"，如果我们自己思想上有松懈有滑坡，又如何用"一个灵魂唤醒另一个灵魂"？

在当今网络时代，各种意识形态、社会思潮暗流涌动，面对错误思潮和错误言论，我们不能当好说话的"开明绅士"，要当敢于斗争、善于斗争的战士。理直气壮说理论，用坚定的理想信念和实际行动自觉肩负起守护党的思想舆论阵地、服务中心大局的重任。

厚植竭诚为民、匹夫有责的家国情怀，淬炼担当之能，拒"躺平"做派于千里

知责任者，大丈夫之始也；行责任者，大丈夫之终也。宣传思想文化工作者不仅是党的政策主张的传播者、时代风云的记录者，也是公平正义的守望者、社会进步的推动者。我们要带上写字的笔头、采访的话筒、记录的摄像机，扑下身子、沉到一线，挽起裤脚走基层，准确把握群众所思所想，聚焦群众操心事烦心事，写真相、谏真言、感真情，做人民群众的"发声者"。

没有"几把刷子"是干不好宣传思想文化工作的，正所谓没有金刚钻干不出漂亮瓷器活儿。我们要做"有文心、有文气、有文才"的"能文者"，不断锤炼笔头"金刚钻"的硬度和精度，以高水平的文章著作为新时代宣传思想文化工作述论立言。用小切口折射大主题，写出内容扎实、文风鲜活的好文章好作品，让广大群众愿意看、喜欢看、看得进，推动党的创新理论"飞入寻常百姓家"。

刀在石上磨、人在事上练。习近平总书记满怀深情地说："青年怀壮志，立功正当时，此时不搏更待何时，责任担当，舍我其谁！"我们要主动到重大突发事件、重大典型报道现场，做好舆论引导、新

闻宣传；要主动到意识形态斗争最前沿，在没有硝烟的战场冲锋陷阵，在平凡的工作岗位上书写年轻干部担当作为的新时代答卷。

永葆善作善成、敢闯敢干的奋进身姿，锐意改革创新，弃"摆烂"状态如敝履

做宣传思想文化工作犹如逆水行舟，不进则退，惟有不懈创新，才能始终保持生机和活力。在千帆竞发、百舸争流的全媒体时代，我们要时刻三省吾身：自己的思想观念解不解放，是否被条条框框束缚，是否被外界评价所牵绊。

当前，舆论生态、媒体格局、传播方式都在发生深刻变化，面对互联网、云计算、人工智能的创新发展，我们绝不能躺在前辈的功劳簿上碌碌无为，要大胆探索，始终保持革新者的姿态与时俱进，掌握新知识，熟悉新领域，巧用新方法，善用新工具，主动思考如何使用科技手段增强宣传思想文化工作的吸引力、亲和力、影响力和感召力。

"红日初升，其道大光。河出伏流，一泻汪洋。"新时代的浪潮奔腾不息，我们目光如炬，脚步铿锵，踏上奋进中国式现代化的伟大征程，在艰苦奋斗、顽强奋斗、接续奋斗中不断开创新局面、谱写新篇章。

（本文刊载于《思想政治工作研究》2025 年第 1 期，

执笔人：沈珊珊）

改革没有旁观者没有局外人

再踏层峰辟新天，更扬云帆立潮头。

新时代新征程，党的二十届三中全会擘画了进一步全面深化改革、推进中国式现代化的宏伟蓝图，奏响了全面深化改革向广度和深度进军的冲锋号角。

进一步全面深化改革，我们躬身入局、挺膺担当。

历史川流不息，一个时代有一个时代的主题，一代人有一代人的担当。走过千山万水仍需跋山涉水，中国共产党带领人民在认识和实践上的每一次突破和发展，无不来自亿万人民的智慧和实践，无不源自亿万人民的团结和力量。

积力之所举，则无不胜也；众智之所为，则无不成也。全面深化改革不是少数人的"独唱"，是全体中华儿女的"大合唱"。天下之事，在局外呐喊议论，总是无益。全面深化改革，没有旁观者、没有局外人。只有人人"进入角色"，争做参与者、贡献者、促进者，同心同德、群策群力，才能演奏好进一步全面深化改革的"协奏曲"。

当下，有的人认为改革是顶层设计，与己无关；有的人认为改革任务重、困难多，畏缩不前；有的人口头上拥护改革，行动上拒绝改革……这些显然与改革的目标和要求格格不入。如果抱着看客的心态置身事外，再宏伟的改革蓝图也只会是"水中月、镜中花"。

躬身入局、挺膺担当，绝不是轻飘飘的一种姿态，而是沉甸甸的一份责任、一份使命。我们要祛除"过客"心理，不当改革的局外人，有一分力出一分力；摒弃"看客"心态，不做发展的旁观者，有一分光发一分光，以"功成不必在我"的境界和"功成必定有我"的担当，坚决拥护改革、积极支持改革、自觉投身改革，这就是我们最美的姿态。

进一步全面深化改革，我们敢为人先、勇毅笃行。

"岁月如歌连号角，一声平地起惊雷。"小岗村18户村民代表在协议上按下的一个个鲜红手印，穿过时光的隧道永远让人动容，那是敢为人先的精神在闪耀。

敢上九天将月揽，为邦不惜鲜血流。当前，世界正处于百年未有之大变局，环境的复杂性、严峻性、不确定性明显上升，"改革考题"比过去更加复杂、更加艰难。难题绕不开、躲不过，只有迎难而上，以改革破题、用创新突破，才能不断推动改革向纵深发展。

苟日新，日日新，又日新。习近平总书记强调："惟改革者进，惟创新者强，惟改革创新者胜。"越是形势艰巨，越要敢于说前人没说过的话、敢于干前人没干过的事、敢于走前人没走过的路，勇于求变、敢于求新、善于求质。越是任务棘手，越要打破陈旧观念的束缚，突破利益固化的藩篱，冲破阻碍高质量发展的条条框框，革故鼎新、大胆突破。越是困难重重，越要不断推进理论创新、实践创新、制度创新、文化创新以及其他各方面创新，使改革更好体现时代性、把握规律性、富于创造性，以赢得优势、赢得主动、赢得未来。

进一步全面深化改革，我们真抓实干、久久为功。

时光镌刻不凡，奋斗书写奇迹。无论是核武器事业的开拓者程开甲，还是科技体制改革的实践探索者王选；无论是人居环境科学的创建者吴良镛，还是量子信息研究的创新者潘建伟，他们都是耀眼的改革先锋，他们所取得的成绩都是日复一日、年复一年干出来的、拼出来的。一路筚路蓝缕、栉风沐雨，但奋斗的脚步从未停歇、实干的劲头从未缺席。

行胜于言，事成于实。马克思说过："一步实际运动比一打纲领更重要。"改革重在落实，也难在落实。进一步全面深化改革，绝不能喊喊口号、做做样子、走走过场。习近平总书记反复强调，改革越到深处，越要担当作为、蹄疾步稳、奋勇前进，不能有任何停一停、歇一歇的懈怠。改革的战场上需要真刀真枪地干，改革的道路上呼唤引领者、开拓者和实干者。我们要以"改革不停顿、开放不止步"的历史自觉咬定青山不放松，一锤接着一锤敲、一茬接着一茬干，征服一个个"娄山关""腊子口"，善作善成、久久为功，推动全面深化改革取得更大成效。

波澜壮阔改革路，砥砺奋进正当时。让我们积极投身到进一步全面深化改革的宏伟事业中来，在攻坚克难的路上敢为人先、在革故鼎新的途中拼尽全力，心往一处想、劲往一处使，奋力奏响全面深化改革的新乐章！

（本文刊载于《思想政治工作研究》2024 年第 9 期，执笔人：颜学静）

以关键一招为推进中国式现代化
注入强劲动力

唯改革者进，唯创新者强，唯改革创新者胜。

改革开放是当代中国大踏步赶上时代的重要法宝，是决定中国式现代化成败的关键一招。党的十八大以来，习近平总书记准确把握改革规律，科学总结历史经验，统筹国内国际两个大局，提出一系列新思想、新观点、新论断，为全面深化改革开放提供了根本遵循。认真学习领会习近平总书记关于全面深化改革的一系列新思想、新观点、新论断，继续用好改革开放这个关键一招，以中国式现代化全面推进中华民族伟大复兴，具有十分重要的意义。

要紧扣改革主题。改革开放只有进行时、没有完成时。推进中国式现代化，是新征程上凝聚全党全国人民智慧和力量的旗帜，也必然是进一步全面深化改革的主题。进一步全面深化改革，既是党的十八届三中全会以来全面深化改革的实践续篇，也是新征程推进中国式现代化的时代新篇。面对纷繁复杂的国际国内形势，面对新一轮科技革命和产业变革，面对人民群众新期待，必须继续把改革推向前进。新征程上，必须紧扣推进中国式现代化主题，以改革到底的坚强决心，动真格、敢碰硬，不断解放和发展社会生产力、解放和增强社会活力，全面推进中国式现代化建设披荆斩棘、一往无前。

要突出改革重点。改革要整体推进，但不能平均用力、齐头并进，而是要注重抓主要矛盾和矛盾的主要方面，注重抓重要领域和关键环节，做到牵一发而动全身、一子落而满盘活。进入新时代，以习近平同志为核心的党中央紧紧围绕发展这个第一要务来部署各方面改革，以解放和发展社会生产力为改革提供强大牵引，改革全面发力、多点突破、纵深推进，许多领域实现历史性变革、系统性重塑、整体性重构。新征程上，进一步全面深化改革，既要抓重要领域、重要任务、重要试点，又要抓关键主体、关键环节、关键节点，以重点带动全局，把各项改革任务落到实处。

要把牢价值导向。为了人民而改革，改革才有意义；依靠人民而改革，改革才有动力。党的十八大以来，以习近平同志为核心的党中央坚持以人民为中心的价值取向，抓住人民最关心最直接最现实的利益问题推进重点领域改革，不断满足人民对美好生活新期待。从平安中国建设到乡村医疗卫生体系建设，从垃圾分类到清洁取暖……一件件关乎老百姓的民生小事，一项项被列入会议日程，一次次成为改革的关注点、发力点。新征程上，进一步全面深化改革，要坚持人民至上的价值理念，突出现代化方向的人民性，做到老百姓关心什么、期盼什么，改革就要抓住什么、推进什么，使改革能够让人民群众有更多获得感、幸福感、安全感。

要讲求方式方法。改革开放是前无古人的崭新事业，必须坚持正确的方法论，在不断实践探索中推进。进入新时代，习近平总书记多次就坚持正确方法论提出明确要求，强调要正确处理改革发展稳定关系，坚持摸着石头过河和顶层设计相结合，注重改革的系统性、整体性、协同性等。这些重要论述为推动改革落实提供了科学指引。新征程上，要坚持守正创新，既要坚持党的全面领导，确保改革开放沿着正确方向前进，又要大胆探索、先行先试。要更加注重系统集成，以全局观念和系统思维谋划推进，加强各项改革举措的协调配套，增强整体效能。要以钉钉子精神抓改革落实，确保各项改革举措切实落地见效。

惟其艰难，更显勇毅。中国式现代化是一项伟大而艰巨的事业。越是艰巨，越是要向改革要动力、向开放要活力。新征程上，要全面贯彻习近平新时代中国特色社会主义思想，稳扎稳打向前进，确保改革各项任务落到实处、取得实效，为中国式现代化持续注入强劲动力。

（本文刊载于《思想政治工作研究》2024 年第 7 期，执笔人：孙强）

担当作为　狠抓落实

春风浩荡，万物生辉，贯彻落实党的二十大开局之春，中华大地一派生机盎然。

世界目光再次聚焦北京——全国两会相约春天、凝聚共识，把党的二十大擘画的宏伟蓝图在春天细细描绘开来、为党的二十大发出的伟大号召汇聚亿万中华儿女声音。在强国建设、民族复兴的新征程上，更加需要我们坚定不移担当作为、狠抓落实，以习近平新时代中国特色社会主义思想为指导，把党中央的决策部署贯彻好、落实好，在新征程上展现新气象、新作为。

一分部署、九分落实。前进在充满光荣和梦想的新征程上，没有捷径，唯有实干。习近平总书记深刻指出，"要把抓落实作为开展工作的主要方式""如果不沉下心来抓落实，再好的目标，再好的蓝图，也只是镜中花、水中月"。抓落实，是把决策变为实践行动、由认识世界到改造世界的过程，是党的政治路线、思想路线、群众路线的根本要求，也是衡量领导干部党性和政绩观的重要标志。蓝图已绘就，奋斗正当时。我们必须当好执行者、行动派、实干家，真抓实干、抓出成效，在新起点上推动各项工作开好局、起好步。

以平和向上的心态抓落实。重任诚在肩，心态要平和、斗志当昂扬，工作落实才能"乘长风破万里浪"。面对新征程，我们信心十足，但是决不能心浮气躁，必须扑下身来、沉下心来；面对新任务，我们目标坚定，但是决不能大干快上，必须适应现实需求、顺应群众期盼；面对新要求，我们坚持效果导向，但是决不能急功近利，必须目光长远、利国利民。肩负新使命、开启新征程，我们需要以更加平和的心态、奋进的姿态、昂扬的状态一张蓝图绘到底，以"功成不必在我"的精神境界和"功成必定有我"的历史担当，踏踏实实响应伟大号召、扎扎实实落实发展规划，形成平和务实、敢于担当、风清气正的生动局面，确保各项工作推进有力、落实见效。

以调查研究为基石抓落实。调查研究是谋事之基、成事之道，是获得真知灼见的源头活水。正确的决策离不开调查研究，正确的贯彻落实同样也离不开调查研究。大兴调查研究，才能把握事物的本质和规律、找到破解难题的办法和路径，进而有的放矢、创造性地解决问题。从《湖南农民运动考察报告》到《寻乌调查》，从《永新调查》到《中国社会各阶级的分析》，这些重要文献无一不为当时的革命工作提供了正确指引。新时代新征程新任务，各种风险挑战、困难问题比以往更加严峻复杂。新一届政府领导班子向社会传递了这样的声音："坐在办公室碰到的都是问题，下去调研看到的全是办法。高手在民间。"我们要突出问题导向，坚持从群众中来、到群众中去，到基层一线去，到困难多、群众意见集中、工作打不开局面的地方去，问计于民、问需于民，拜群众为师，将调查研究成果转化为落实工作、战胜困难的实际成效，保证党的路线方针政策和各项决策贯彻执行不走样。

以实事求是的方法抓落实。科学的方法是工作取得实效的关键环节。抓落实不仅要有满腔的工作热情，更要有策略、有方法。实事求是，是马克思主义的根本观点，是中国共产党人认识世界、改造世界的根本要求，是我们党的基本思想方法、工作方法、领导方法。早在延安时期，毛泽东同志就强调"共产党员应是实事求是的模范"，"只有实事求是，才能完成确定的任务"。无论前方有多少惊涛骇浪，我们都要一以贯之坚持实事求是，具体问题具体分析，按客观实际和客观规律看问题、出主意、抓落实，心无旁骛、久久为功，翻越一座又一座高山峻岭、战胜一个又一个艰难险阻，从胜利走向新的胜利。

为者常成，行者常至。让我们以担当践行使命、用落实攻坚克难，全面贯彻落实好党的二十大精神，无负时代、无负历史、无负人民，为全面建设社会主义现代化国家、实现中华民族伟大复兴而踔厉奋发、勇毅前行！

（本文刊载于《思想政治工作研究》2023 年第 4 期，

执笔人：颜学静）

大力唱响强信心的社会主旋律

"一年之计在于春"，刚起头儿，有的是工夫，有的是希望。

春光润泽气象新，正是拼搏奋斗时。农田地头、工厂车间、办公楼内，到处是忙碌的身影，到处都是活跃的创造，到处都是日新月异的进步，充满生机的中国宛如一辆高速行驶的列车，如今正信心满满、全力前进。

"开局就要快快跑起来"是很多地方"新春第一会"的主题，这种起步就提速的劲头彰显出他们奋力拼搏的精神状态。种什么种子结什么果实，以什么样的状态开局就能干出什么样的事业，工作抓得紧，落实才能细。新气象激励新作为，勇担当才能创伟业，号角已经吹响、大幕已经拉开，新时代属于奋斗者！

洞察时势、化危为机，我们始终自信自立。"什么时候没有困难？一个一个过，年年过、年年好，中华民族5000多年来都是这样。爬坡过坎，关键是提振信心。"正如习近平总书记所说的那样，中国人民从不缺乏做好自己事情的决心和意志。遥想革命战争年代，党带领人民战天斗地、改天换地，翻过一座座"娄山关"，拿下一个个"腊子口"。搞社会主义建设，党带领人民白手起伟业、平地起高楼，以愚公移山之志、夸父追日之力把"睡狮"唤醒，让"巨龙"腾飞。新时代 10 年，有涉滩之险，有爬坡之艰，有闯关之难，我们党紧紧依靠人民，稳经济、促发展，战贫困、建小康，控疫情、抗大灾，应变局、化危机，攻克了一个个看似不可攻克的难关险阻，创造了一个个令人刮目相看的人间奇迹。现在，中国人民的前进动力更加强大、奋斗精神更加昂扬、必胜信念更加坚定，在以习近平同志为核心的党中央坚强领导下，我们心往一处想、劲往一处使，就一定能续写党和国家事业发展新的奇迹！

继往开来、接续奋斗，我们始终初心如磐。一代人有一代人的长征，一代人有一代人的使命。历史的接力棒传递到我们手中，我们就要一棒接着一棒跑，始终把实现好、维护好、发展好最广大人民的根本利益作为一切工作的出发点和落脚点。"世界上最大的幸福莫过于为人民幸福而奋斗。心中装着百姓，手中握有真理，脚踏人间正道，我们信心十足、力量十足。"① 与人民同呼吸、共命运、心连心，是党的初心，也是党的恒心。我们无惧任何惊涛骇浪的考验，是因为 14 亿多中国人民在党的旗帜下团结成"一块坚硬的钢铁"，筑起一座万众一心的"长城"。一块苦、一块过、一块干，就一定能谱写出经得起历史和人民检验的精彩华章。

踏上远征、追逐梦想，我们始终笃信前行。"大道至简，实干为要。新征程是充满光荣和梦想的远征，没有捷径，唯有实干。"习近平总书记的讲话为我们指明了方向。我们靠实干创造了辉煌的历史，还要靠实干开创更加美好的未来。新时代新征程上有了实干的导

---

① 《习近平谈治国理政》第四卷，外文出版社 2022 年版，第 554—555 页。

向，才能真出业绩、出真业绩。

波澜壮岁欣回首，敢在人先又续征。全面建设社会主义现代化国家、全面推进中华民族伟大复兴的画卷正在徐徐展开，让我们以敢闯敢拼、苦干实干的团结奋斗姿态从"今天"奔赴"明天"，一起用新的伟大奋斗创造新的历史伟业！

（本文刊载于《思想政治工作研究》2023 年第 3 期，
执笔人：苏鸿雁）

知行合一贯彻落实好党的二十大精神

奋进新征程，扬帆再启航。

中国共产党第二十次全国代表大会胜利闭幕后，全国上下迅速掀起学习宣传贯彻党的二十大精神热潮。全面学习、全面把握、全面落实党的二十大精神，要在知行合一上下功夫，以知促行、以行践知、知行相互促进，把党的二十大精神落实到经济社会发展各方面。

在全面学习上下功夫。学习宣传贯彻党的二十大精神是当前和今后一个时期全党全国的首要政治任务，只有全面、系统、深入学习，才能完整、准确、全面领会党的二十大精神，对是什么、干什么、怎么干了然于胸，为贯彻落实打下坚实基础。"知者行之始"，知是基础、是前提。要读原文、悟原理，要把学习大会报告同学习大会系列讲话和相关文件结合起来，同学习党的十八大报告、十九大报告精神结合起来，联系着学。深刻领悟"两个确立"的决定性意义，加深对习近平新时代中国特色社会主义思想、马克思主义中国化时代化、中国式现代化等重大问题的认识，深刻理解党的二十大对全面建设社会主义现代化国家作出的战略部署，切实把思想和行动统一到党中央精神上来。拓展学习方式。综合运用有效学习培训、有力宣传报道、深入集中宣讲、理论研究阐释等多种方式，用人民群众听得懂、能领会、可落实的语言，推动党的二十大精神走进基层、走进群众，实现最优化的学习目的和效果。

在全面把握上下功夫。党的二十大精神内容十分丰富，既有政治上的高瞻远瞩和理论上的深邃思考，也有目标上的科学设定和工作上的战略部署，这些是相互联系、有机统一的。在全面学习的基础上全面把握，才能更好全面落实。只有坚持历史和现实、理论和实践、国际和国内相结合的办法，从整体到局部、再从局部到整体进行反复揣摩，才能全面掌握党的二十大精神，避免知其一而不知其二，知其然而不知其所以然。知和行是相互促进、辩证统一的过程，知的工夫既能引导行的工夫，也能成为行的检验，二者不是分开的，更不是对立的，而是相辅相成的。将党的二十大精神学习成果用于指导实践、推动工作，同时在具体工作实践中对党的二十大精神的学习成效加以检验，这样认识和实践的循环往复体现了马克思主义认识论的要求，也有助于知与行的深化。

在全面落实上下功夫。空谈误国、实干兴邦，一分部署、九分落实。不注重抓落实，不认真抓好落实，再好的规划和部署都会沦为空中楼阁。抓落实不是漫无目的地蛮干，要树立正确的知行观，"行者知之成"，行是重点，是关键，是将学习的成果转化为指导实践的有力武器。学习党的二十大精神不是最终目的，把党的二十大精神转化为指导实践、推动工作的强大力量是我们追求的目标。因此，我们要统筹推进"五位一体"总体布局、协调推进"四个全面"战略布局，紧紧抓住解决不平衡不充分的发展问题，着力在补短板、强弱项、固底板、扬优势上下功夫，推动经济社会持续健康发展。

蓝图已经绘就，号角已经吹响。

党的二十大为未来五年乃至更长时间党和国家的事业规划了宏伟蓝图、作出了全面部署，我们要以钉钉子精神认真抓好学习宣传贯彻，坚持学思用贯通、知信行统一，把党的二十大精神体现到做好各项工作之中，为实现中华民族伟大复兴添砖加瓦、作出新的更大贡献。

（本文刊载于《思想政治工作研究》2022 年第 12 期，执笔人：苏鸿雁）

奋斗吧！向着光荣和梦想的新征程

金秋十月，气爽空晴。

中国共产党第二十次全国代表大会在北京胜利召开。习近平总书记向大会作报告，字字铿锵，响彻四方。报告高屋建瓴，举旗定向，宣示了新时代的中国共产党人将以什么样的精神状态迎接新的更大挑战、取得更大成就——自信自强、守正创新，踔厉奋发、勇毅前行，为全面建设社会主义现代化国家、全面推进中华民族伟大复兴而团结奋斗。

以艰苦奋斗赢得新的历史胜利。艰苦奋斗是我们党的政治本色和优良传统。为了实现中华民族伟大复兴，我们党始终初心不改、矢志不渝，团结带领人民历经千难万险，付出巨大牺牲，攻克了一个又一个看似不可能攻克的难关，不断从胜利走向胜利。新时代的十年，极不平凡，我们取得的成绩越好、距离伟大目标越近，越要保持高度的历史清醒，越要发扬革命精神、奋斗精神，以艰苦奋斗把握历史主动，赢得新的历史胜利。

以顽强奋斗打开事业新天地。筚路蓝缕，栉风沐雨。全面建设社会主义现代化国家，发展中国式现代化，"既是最难的，也是最伟大的"。在世界百年未有之大变局中推进中华民族伟大复兴，我们将遇到难以预见的风险挑战，其复杂性严峻性更将前所未有，"全党必须准备付出更为艰巨、更为艰苦的努力"①。历史从来只会眷顾坚定者、奋进者、搏击者，不会等待犹豫者、懈怠者、畏难者。伟大复兴的任务已经交到我们手里，务必不忘初心、牢记使命，务必谦虚谨慎、艰苦奋斗，务必敢于斗争、善于斗争，知难而进、迎难而上，全力战胜前进道路上的各种困难和挑战，依靠顽强斗争开创事业发展新天地。

以接续奋斗跑好时代接力赛。一切伟大成就都是接续奋斗的结果，一切伟大事业都要在继往开来中推进。我们党之所以历经百年而风华正茂、饱经磨难而生生不息，就是因为一代代革命者赓续传承，让星星之火呈燎原之势。作为新时代的共产党人，深感责任无比重大、使命无比光荣。我们信心百倍，推进中华民族从站起来、富起来到强起来的伟大飞跃；我们踔厉奋发，立志于中华民族千秋伟业，致力于人类和平与发展崇高事业。青年是实现伟大复兴的生力军。新时代的青年，要从历史之河中汲取营养，要从未来召唤中激发力量，坚定不移听党话、跟党走，肩负民族重托、扛起时代重担，怀抱梦想又脚踏实地、敢想敢为又善作善成，在实现中华民族伟大复兴的历史进程中跑好属于自己的这一棒。

以团结奋斗推动民族复兴向前进。团结奋斗是中国共产党和中国人民最显著的精神标识，是中国人民创造历史伟业的必由之路。在新时代的时间展开处，是中华民族伟大复兴的光荣与梦想，是中国为人类社会作出更大贡献的豪迈与担当。力量生于团结，奋斗才能胜利。

---

① 《习近平著作选读》第二卷，人民出版社2023年版，第13页。

我们要紧密团结在以习近平同志为核心的党中央周围，不断巩固全国各族人民大团结、海内外中华儿女大团结，团结成"一块坚硬的钢铁"，形成同心共圆中国梦的强大合力。我们要以更加强大的前进动力、更加昂扬的奋斗精神、更加坚定的必胜信念、更加强烈的历史自觉和更为主动的精神力量，以团结奋斗把中华民族伟大复兴的历史进程推向前进。

时间镌刻不朽，奋斗成就永恒。新征程是充满光荣和梦想的远征。历史属于奋斗者，每个人都应该以奋斗交出一份不负时代的精彩答卷。我们党用伟大奋斗创造了百年伟业，也一定能用新的伟大奋斗创造新的伟业！

（本文刊载于《思想政治工作研究》2022 年第 11 期，执笔人：何雨蔚、贾楠）

后 记

历史川流不息，征程淬炼芳华。总有一些文字，划过时间的年轮，记录着一路走来的铿锵足音。

为以习近平新时代中国特色社会主义思想为指导，深入贯彻党的二十大和二十届二中、三中全会精神，全面贯彻习近平文化思想，落实全国宣传思想文化工作会议精神和全国宣传部长会议精神，我们集结出版了《思政的力量》一书。

本书主要包括党的二十大以来《思想政治工作研究》杂志重点打造的"施郑平""施郑言""施郑理"——"施郑"系列栏目的文章，主要由杂志社编辑执笔写就，凝结着编辑们对新时代的倾听与记录、对未来的期许与解读。所有文章紧紧围绕学习贯彻习近平总书记最新重要讲话精神，紧跟党中央的重大和决策部署，紧扣宣传思想文化工作的重点任务安排。我们希冀以评论、言论、理论的形式表明杂志导向、展现杂志态度，发出思政声音、展示思政力量。同时，真诚希望通过本书的出版，能与读者进行思想的碰撞、智慧的交流、灵魂的共鸣，共同感受时代之变、中国之进、人民之呼。

在此，感谢中国政研会秘书处夏光明、吴祖平等领导和同志对本书出版给予的大力支持和帮助。在本书编辑出版过程中，王开忠、秦洁、从希旺、李惠男、曹剑、沈珊珊、常莹昕、吴雨婧、周国芳、刘一鸣、梁家等同志也做了大量工作。

由于编者水平有限，加之时间仓促，本书在编写过程中难免有不足之处，诚恳希望各位读者朋友提出宝贵的意见和建议。

责任编辑：张　蕾

封面设计：汪　莹

图书在版编目（CIP）数据

思政的力量 / 《思想政治工作研究》杂志社编著 .

北京 ：人民出版社，2025.6. -- ISBN 978 - 7 - 01 - 027343 - 3

Ⅰ. D64

中国国家版本馆 CIP 数据核字第 2025WN9201 号

思政的力量

SIZHENG DE LILIANG

《思想政治工作研究》杂志社　编著

人民出版社 出版发行

（100706　北京市东城区隆福寺街 99 号）

中煤（北京）印务有限公司印刷　新华书店经销

2025 年 6 月第 1 版　2025 年 6 月北京第 1 次印刷

开本：710 毫米 ×1000 毫米 1/16　印张：15.25

字数：168 千字

ISBN 978 - 7 - 01 - 027343 - 3　定价：69.00 元

邮购地址 100706　北京市东城区隆福寺街 99 号

人民东方图书销售中心　电话（010）65250042　65289539